Gymnasium Oberhaching

P-Seminar

Die Paralympischen Spiele 2012 in London

BoD

Herstellung und Verlag:
BoD – Books on Demand, Norderstedt
ISBN 9783848257676

Die Paralympischen Spiele

2012 in London

Inhaltsverzeichnis

Vorworte

Eine der meistgestellten Fragen, die mir im Zusammenhang mit dem Projekt-Seminar zur Studien- und Berufsorientierung (P-Seminar) „Paralympic Games London 2012" gestellt wurde, war wohl, wie denn die Idee für dieses Seminar entstanden ist. Um dies beantworten zu können, muss man einige Zeit zurückgehen.

Eine Szene aus dem Lehrerzimmer des Gymnasiums Oberhaching im Februar 2010: Eine Kollegin erzählt, dass sie in der Früh schon schmunzeln musste und nun auch besonders gut gelaunt sei, da sie im Sportteil der Süddeutschen Zeitung eine versteckte Botschaft ihres Sohnes an sich selbst herauslesen konnte. Dieser ist Journalist bei der SZ und weilt schon eine ganze Weile in Kanada, da er von dort über die Olympischen Winterspielen in Vancouver berichtet.

10 Monate später: Es geht um die Ausschreibung der P-Seminare am Gymnasium Oberhaching. Ich überlege, welches P-Seminar ich anbieten könnte. Da die Olympischen und Paralympischen Spiele in London genau in den Zeitraum des P-Seminars

(Februar 2012 – Januar 2013) fallen, wäre der Abiturjahrgang 2011/13 die einmalige Gelegenheit, mein privates Sportinteresse mit meinem Fach Englisch zu kombinieren. Da erinnere ich mich wieder an jene Unterhaltung mit der Kollegin im Februar 2010, seit der ich weiß, dass ihr Sohn Sportjournalist ist. Nach weiteren Gesprächen mit der Kollegin und Telefonaten mit deren Sohn steht fest, dass dieser sich für ein solches P-Seminar begeistern kann, und nach einem persönlichen Kennenlernen steht auch das grobe Konzept: wir möchten den SchülerInnen die Möglichkeit geben, bei den Paralympischen Spielen im Sommer 2012 in London als SchülerreporterInnen live dabei zu sein und darüber eine Reportage zu schreiben.

Nachdem sich sehr viele SchülerInnen für dieses Seminar interessiert hatten und die 16 Glücklichen, die daran teilnehmen durften, ausgelost waren, startete der Kurs im Februar 2012. Zunächst standen Projektmanagement und Teambildung auf dem Programm, aber natürlich sollten die SchülerInnen auch den Berufsalltag eines Journalisten bzw. Redakteurs kennenlernen. Dazu besuchten wir die Süddeutsche Zeitung in ihrem

Verlagshaus. Der SZ-Redakteur, Herr Hahn, nahm auch fast immer an unseren Seminar-Sitzungen am Gymnasium Oberhaching teil und erzählte aus der Praxis. Dabei ergaben sich Gesprächsrunden zu diversen Themen wie „Was genau ist Journalismus?", „Wie arbeitet ein guter Journalist?", „Welche moralischen Pflichten hat ein Journalist?" usw. Außerdem lernten die SchülerInnen auch, wie man journalistisch arbeitet und gute Interviews führt. Um die Theorie in die Praxis umzusetzen, haben wir ein fast zweistündiges Interview mit Verena Bentele führen können, der mehrfachen deutschen Paralympics-Siegerin im Skilanglauf und Biathlon, die sich unserem Seminar zur Verfügung gestellt hat. Einen ersten hautnahen Kontakt und Zugang zum Behindertensport bekamen wir im Mai 2012, als wir die Special Olympics in München besuchten, die Nationalen Spiele für Menschen mit geistiger Behinderung.

Gegen Ende der Sommerferien 2012 stand dann das Großereignis Paralympics an, zu dem wir vom 28. August bis zum 10. September nach London reisten. Täglich besuchten wir unterschiedliche Sportveranstaltungen, aber natürlich auch die

Pressekonferenzen im Deutschen Haus, teilweise auch die im Main Press Center, um an aktuelle Informationen zu kommen bzw. auch, um die Möglichkeit zu haben, Medaillengewinner persönlich zu interviewen. Während der Spiele haben die SchülerInnen auf ihrer eigens für das P-Seminar eingerichteten Homepage (http://www.paralympics.de.rs/) einen Blog geschrieben, um das Erlebte direkt zu verarbeiten und festzuhalten. Höhepunkte gab es viele: den Besuch des Athletendorfs und der Prothesen- und Orthesen-Werkstatt von Otto Bock, das Erleben der Stimmung und der Atmosphäre im Londoner Olympic Park sowie in Londons Innenstadt, die Aufenthalte im Pressebereich oder in der Mixed-Zone in den unterschiedlichen Sportanlagen, das Zusammentreffen mit Spitzensportlern aus aller Welt, die Teilnahme am Mannschaftsabend der Deutschen Paralympics Mannschaft im Deutschen Haus, das Live-Erlebnis der Abschlussfeier im Olympiastadion und vieles mehr – die Aufzählung würde sich endlos fortsetzen lassen. Aus journalistischer Sicht war aber sicherlich einer der Höhepunkte für uns, dass sich der deutsche Goldmedaillensieger über 100 Meter der

Klassifizierungsgruppe T42, Heinrich Popow, am Tag nach seinem Rennen und kurz nach seiner Siegerehrung zusammen mit seinem Betreuerstab ausschließlich mit unserem P-Seminar in einem Nebenraum im Deutschen Haus zu einem fast einstündigen Interview getroffen hat und sich unseren Fragen gestellt hat.

Auch wenn manche organisatorischen Kleinigkeiten leider nicht von Erfolg gekrönt waren - z.B. die Suche nach Sponsoren für unser Vorhaben -, sind wir doch alle mit dem Seminarverlauf sehr zufrieden. Vor allem die Reise nach London und das Live-Erleben der Paralympischen Spiele waren ein unvergessliches Abenteuer. Jeder von uns empfand es als eine inspirierende und bereichernde Veranstaltung und war von diesem einmaligen Erlebnis tief beeindruckt. Ein Interview, das Herr Hahn nach unserer Rückkehr mit den Seminar-TeilnehmerInnen geführt hat und am Ende dieses Buchs abgedruckt ist, bestätigt dies. All die Eindrücke, aber auch Fakten zum Thema Paralympische Spiele und Behindertensport haben die SchülerInnen unterschiedlich verarbeitet und daraus sind die Artikel für dieses Buch entstanden – für alle, die sich für den Sport und auch die Menschen dahinter interessieren, sicher eine Bereicherung.

Am Schluss dieses Vorworts bleibt nur noch, Dank zu sagen. Dass dieses P-Seminar überhaupt zustande kam und erfolgreich durchgeführt werden konnte, ist vielen Personen zu verdanken:

- Zunächst einmal der Schulleitung, sowohl der vorherigen als auch der aktuellen, die dieses Seminar genehmigt, unterstützt und immer wieder gewürdigt hat,

- den SchülerInnen des Abiturjahrgangs 2011/2013 und deren Eltern, die sich sehr für dieses Projekt interessiert und engagiert haben und mir durch ihre große Interessensbekundung Mut gemacht haben,

- den KollegInnen am Gymnasium Oberhaching, meinen Bekannten und Freunden und meiner Familie, die sich immer wieder nach dem Stand der Dinge erkundigt und ihre Begeisterung für dieses Projekt ausgedrückt haben, und mich in Phasen, in denen es nicht ganz einfach war, unterstützt, ermutigt und motiviert haben,

- Annemarie Linde, die den Kontakt zur Süddeutschen Zeitung und Thomas Hahn hergestellt hat,

- Verena Bentele, Rüdiger Herzog, Benjamin Martens, Jens Nörtemann, Heinrich Popow, Dr. Karl Quade, Michael Teuber und Bettina Wulff, die sich alle als Interviewpartner für unser Seminar zur Verfügung gestellt haben,

- der Allianz, insbesondere Eike Bürgel, die uns Bild- und Videomaterial, Informationsgraphiken und einige Eintrittskarten für Leichtathletik- und Schwimmwettkämpfe kostenlos zur Verfügung gestellt hat und uns als Gäste zum Sportlerabend ins Deutschen Haus eingeladen hat,

- Marketa Marzoli, die die Akkreditierung der volljährigen Schüler und den Zugang zum Deutschen Haus in London ermöglicht hat,

- und ganz besonders natürlich den 16 Seminar-TeilnehmerInnen, die die London-Reise und das Seminar zu einem unvergesslichen und bereichernden Erlebnis und zu einem ganz besonderen P-Seminar gemacht haben.

Mein größter Dank geht aber an Thomas Hahn, der sich für dieses Projekt von Anfang an begeistern ließ, eigene Vorstellungen und Ideen einbrachte, das Seminar mitgestaltete, die Artikel redigierte und als Ansprechpartner sowohl hier in Oberhaching, als auch in London immer zur

Verfügung stand. Man kann es ihm nicht hoch genug anrechnen, dass er sich gerne und vollkommen unentgeltlich in diesem Seminar engagiert hat, und seine freie Zeit auch in für ihn beruflich sehr arbeitsintensiven Phasen investiert hat. Ihm ist ein Großteil des Erfolgs unseres P-Seminars zu verdanken.

Sibylle Mayer,
Leiterin des P-Seminars „Paralympic Games London
2012"

London war groß, und es war gut zu uns, die wir den kühnen Plan gefasst hatten, gemeinsam eine Reise zu den Paralympischen Spielen zu machen. Wir, das waren eine Lehrerin, ein Redakteur, zwei Schülerinnen und 14 Schüler. Ein zusammengewürfelter Haufen von Leuten, die was auf die Beine stellen wollten. Offiziell wollten wir ein Praxisseminar des Gymnasiums Oberhaching zu einem lehrreichen Abschluss führen. Inoffiziell wollten wir ein Abenteuer bestehen. Wir wollten uns durch den paralympischen Dschungel schlagen und die verschlungenen Pfade eines Sportfestes auskundschaften, das wächst und wächst und wächst und das dabei immer rätselhafter und großartiger zu werden scheint. Wir wollten Bilder sammeln und Informationen, und dann davon erzählen, was alles geht, wenn die besten Behindertensportler der Welt ihre Spiele austragen.

Wir hatten wahrscheinlich nicht alle die gleiche Vorstellung davon, wie das funktionieren kann. Und für manche von uns war London so groß, dass es sie ein bisschen ablenkte von dem, was ein guter Informations- und Bildersammler tun muss bei so einem Ereignis. Bei 18 Leuten aus zwei

Generationen denkt man halt auch mal ein bisschen aneinander vorbei. Aber jetzt, da wir aus dem Dschungel draußen sind, da wir die Bilder aus London betrachten, im Schatz unserer neuen Erfahrungen kramen und dieses Buch als Ergebnis unserer Reise vorlegen können – jetzt sind wir uns alle einig: Es war gut, dass die Lehrerin, die Frau Mayer, uns alle mitgezogen hat mit ihrer wilden Idee, nicht nur irgendein Praxisseminar zu machen, sondern eines, das die Blicke weit über den Horizont unseres Alltags hinausführt. Die Schüler haben es selbst gesagt, dass sie von ihrer paralympischen Reise nach London mit einem neuen Blick auf die Menschen mit Behinderung zurückgekehrt sind, dass sie nun deren Fähigkeiten und Talente besser verstehen als vorher. Der Redakteur hat was lernen dürfen über die Schule und die Jugend von heute. Und die Lehrerin, die Frau Mayer, darf sich bestätigt fühlen in ihrer Kühnheit, für ihre Schüler etwas mehr tun zu wollen, als ein paar Englischstunden zu geben.

Dieses Buch steht deshalb für viel mehr, als die Texte und die Bilder, die man darin findet, sagen können. Natürlich, es ist ein Schüler-Buch, kein Werk aus den professionellen Journalismus-

Betrieben von Spiegel, Süddeutscher Zeitung oder Frankfurter Allgemeiner Zeitung. Es ist entstanden neben dem vollen Lehr- und Klausuren-Betrieb der AbiturientInnen, und die Arbeit daran hat den 17- und 18-jährigen AutorInnen Herausforderungen abverlangt, die sie vorher nicht kannten. Man muss deshalb zugestehen, dass es ein Buch mit Schwächen geworden ist. Der Redakteur hat ein bisschen schimpfen müssen, weil sich einzelne Autoren etwas zu plump aus dem Internet bedienten, weil Quellenangaben oft ungenau oder gar nicht vorhanden waren, weil einzelne Schüler die Recherchen mit etwas mehr Verve und Fantasie hätten verfolgen dürfen. Und es ist dem Redakteur bestimmt nicht gelungen, jede Ungenauigkeit und jeden Fehler in den Texten zu beheben. Wir haben im Seminar ausführlich besprochen, dass Journalismus weit darüber hinaus geht, ein paar Begriffe zu googeln und Ungefähr-Wissen in holprige Sätze zu packen. Das ist dem Redakteur sehr wichtig gewesen, weil ohne den Respekt vor den Regeln der Wahrheit Journalismus nichts ist, und er hat den Eindruck bekommen, dass die Schüler das verstanden haben.

Trotz der Schwächen ist es ein gutes Buch. Es gewährt einen anschaulichen Überblick über eine Sportwelt, die nur wenige kennen und die immer noch ganz anders ist als die populärere Olympia- oder Profisportwelt. Es ist ein nachdenkliches Buch, in dem die Schüler bei aller Begeisterung über großartige Paralympics auch kritische Fragen aufwerfen. Und es ist das Buch von Jugendlichen, die sich auf etwas eingelassen haben, auf das sich andere nicht einlassen. Kann schon sein, dass nicht alles perfekt war in diesem Seminar. Aber am Ende haben sich doch alle ein großes Lob verdient, der Edward genauso wie der Felix, der Konstantin, die Laura, der Malte, der Marius, der Martin, der Maximilian, der Niklas, der Niko, die Serena, der Tom und die vier Lukas': Sie haben die Augen aufgesperrt und hingeschaut, sie haben ihre Vorurteile umgeschmissen und sich mit heiterer Neugier eine neue Erkenntnis erschlossen. Das zählt mehr als jede gute Note. Und wenn der Redakteur zum Schluss dieses Vorworts noch was Persönliches hinschreiben dürfte, was ihm natürlich streng verboten ist, weil er ja nicht als Süßholzraspler oder Rumschleimer Teil dieses Seminars sein durfte, sondern nur als distanzierter

Begleiter der jungen Paralympics-Reisenden –
wenn der Redakteur also noch was Persönliches
hinschreiben dürfte, dann würde er hinschreiben:
Eine helle Freude ist es gewesen, diese schräge
Oberhachinger Schüler-Kombo kennen gelernt zu
haben und mit ihr dieses schlechte Buch zu
machen, das im Grunde doch ganz gut geworden
ist.

Thomas Hahn, der Redakteur

Die Geschichte der Paralympischen Spiele

Von Nikolas Heinrichs

Sport fasziniert die Menschen. Er ist für sie Lebensschule, Seelentherapie, Gesundheitsvorbeuge, Grenzerfahrung, friedvoller Wettstreit, Schauspiel. Sport stellt die verschiedensten körperlichen Fähigkeiten des Menschen auf den Prüfstand und zeigt damit das menschliche Bewegungstalent in seiner ganzen Vielfalt. Die Olympischen Spiele, vor 116 Jahren in Athen aus der Taufe gehoben, sind heutzutage die größte Messe des menschlichen Bewegungsdrangs, ein großes Menschentheater mit Wurzeln in der griechischen Antike, das der französische Pädagoge Baron Pierre de Coubertin als „Treffen der Jugend der Welt" und Anlass zur Völkerverständigung ins Leben rief. Mittlerweile sind die Olympischen Spiele Werbebühne, Wirtschaftsfaktor und Ableiter nationaler Interessen. Ein Millionenunternehmen, bei dem die Athleten ihre Medaillenkämpfe nicht immer mit natürlichen Mitteln führen. Trotzdem setzt

Olympia weiterhin Zeichen für menschliche Zielstrebigkeit, Leistungsfähigkeit und Ausdauer. Alle Meisterschaften des Sports tun das. Auch jene Spiele, die vor 20 Jahren noch kaum Beachtung fanden und in diesem Jahr in London neue Dimensionen der Aufmerksamkeit erreichten: die Paralympischen Spiele.

Die Paralympischen Spiele haben sich zu einer Veranstaltung entwickelt, die eine lange missachtete und unterschätzte gesellschaftliche Minderheit ins Rampenlicht setzt. Sie haben die Aufmerksamkeit auf die Stärken von Menschen gerichtet, die viele lange vor allem wegen ihrer Schwächen wahrnahmen. Die Paralympics haben ein neues Bewusstsein geschaffen für das, was der Mensch mit seinem Körper alles machen kann – auch wenn ihm ein Bein fehlt, ein Arm oder zwei Beine und zwei Arme, wenn er blind ist oder von spastischen Lähmungen geschüttelt wird. Ein bisschen seltsam ist es schon, dass eine Gesellschaft erst ein Sportfest braucht, ehe sie kapiert, dass auch Menschen mit Behinderung etwas leisten können. Aber manchmal ist das Ziel eben doch wichtiger als der Weg, und der Weg der Paralympier ins Bewusstsein eines

Massenpublikums war nicht leicht, wie die Geschichte der paralympischen Bewegung zeigt.

Wortherkunft

Der Begriff „Paralympics" entstand zunächst aus den Wörtern „paraplegic" (engl.: gelähmt) und „Olympic" (Bezug auf die Olympischen Spiele der Neuzeit). Um auch die Zugehörigkeit von Menschen mit anderen Behinderungsarten zu repräsentieren, wurde der Begriff neu bestimmt und setzt sich jetzt aus dem griechischen Wort „Para" (neben) und „Olympics" zusammen, um die Nähe zur olympischen Bewegung und das Nebeneinander der Spiele auszudrücken. Zum ersten Mal wurde der Begriff „Paralympics" 1988 bei den Spielen in Seoul/Südkorea offiziell verwendet.

Logo

Bis 1987 führte das Internationale Paralympische Komitee (IPC) das Logo der Olympischen Spiele. Nachdem das Internationale Olympische Komitee (IOC) auf seine Exklusivrechte an den Olympischen Ringen pochte, musste das IPC auf ein alternatives Logo ausweichen: fünf Tränen in gleicher Farbe und Anordnung, wie die Olympischen Ringe. Später legte das IOC auch gegen dieses Logo Einspruch ein, weil dieses den Olympischen Ringen zu sehr ähnelte. Darauf wurde die Zahl der Tränen auf drei verringert. Im Jahre 2004 führte das IPC freiwillig das heutige Logo mit den drei farbigen Bögen ein.

Austragung und Öffentliches Interesse

Die Verantwortung für die Organisation und Entwicklung der Behinderten-Spiele trägt das Internationale Paralympische Komitee (IPC), das 1989 in Düsseldorf gegründet wurde und seinen Sitz jetzt in Bonn hat. Seit 1988 haben die Paralympischen Spiele immer kurz nach den Olympischen Spielen in denselben Städten stattgefunden. 2000 unterzeichneten das IPC und das Internationale Olympische Komitee (IOC) erstmals eine Vereinbarung zur künftigen Zusammenarbeit, die ein Jahr später präzisiert wurde. Die Paralympics standen viele Jahre lang im Vergleich zu den Olympischen Spielen weit weniger in der öffentlichen Wahrnehmung. Die Zusammenarbeit zwischen IPC und IOC führte zu festen organisatorischen Standards im Verhältnis von Olympischen und Paralympischen Spielen, die allmählich bewirkten, dass sich heute keine Olympiastadt mehr leisten kann, Sportler mit Behinderung als Athleten zweiter Klasse zu behandeln. Im Jahr 2000 waren die Stadien bei Paralympischen Spielen noch schlecht besucht, seither steigt das Interesse. 2012 verkaufte das Organisationskomitee der Londoner Spiele bei den Paralympics 2,7 Millionen Tickets für die verschiedenen Sportereignisse. Vor den Spielen hatte es erstmals einen Bieterstreit zwischen zwei Sendern um die Übertragungsrechte an den Paralympics gegeben. Channel 4 sicherte sich letztlich die Rechte und sendete insgesamt mehr als 150 Stunden paralympischen Sport, was dem Kanal bis zu 15 Prozent Einschaltquote brachte. Auch in Deutschland gab es Rekord-Übertragungszeiten, und Firmen nutzten Paralympier verschiedener Sportart mehr denn je als Werbefiguren. Die Industrie hat in London den Sportler mit Behinderung als Imageträger entdeckt. Es fließt mehr Geld denn je. Die Paralympics werden mehr und mehr zum Business.

Geschichte

1948 konnte noch keine Rede davon sein, dass Behindertensport ein Business ist. Die Paralympics hießen auch noch gar nicht Paralympics, sondern Stoke Mandeville Wheelchair Games. Sie wurden von dem deutsch-jüdischen Neurologen Sir Ludwig Guttmann initiiert, weil er sportliche Wettkämpfe für heilsam hielt im Zuge der Rehabilitation von Querschnittsgelähmten. Die ersten Stoke Mandeville Games fanden in Aylesbury am selben Tag wie die Eröffnungsfeier der Olympischen Spiele 1948 in London statt. 14 kriegsverletzte Männer und Frauen nahmen teil, die ihre Fertigkeiten im Bogenschießen maßen.

1960 - Rom

Mit der wegweisenden Entscheidung, die Spiele von 1960 in der Olympiastadt Rom auszutragen, wurde Sir Ludwig Guttmans Vision von einem Äquivalent der Olympischen Spiele für behinderte Menschen Wirklichkeit. Die Spiele in Rom trugen den Namen „Weltspiele der Gelähmten" oder offiziell die „9. Jährlichen Internationalen Stoke Mandeville Games" und fanden wenige Wochen nach Olympia statt. Seit diesem Jahr finden die Paralympischen Spiele immer alle vier Jahre statt, immer im selben Jahr wie die Olympischen Spiele. Ab 1976 kamen auch die paralympischen Winterspiele dazu, die ebenso wie ihr Sommer-Pendant von da an immer kurz nach den Olympischen Winter-Spielen ausgetragen werden.

Sommer-Paralympics sind größer und globaler als Winter-Paralympics, deshalb sollen sie im Mittelpunkt dieses kleinen historischen Rundgangs stehen.

Rom bedeutete eine Zäsur für die paralympische Bewegung. Die Spiele 1960 waren der erste Schritt in Richtung Weltgemeinschaft des Sports, auch wenn ihr Programm noch längst nicht die Vielfalt der Paralympics von heute aufwies. Ein Start war in Rom ausschließlich Gelähmten vorbehalten. Insgesamt kämpften rund 400 Sportler aus 23 Ländern in acht verschiedenen Disziplinen um Medaillen. Zu den herausragenden Athleten dieser Wettbewerbe gehörten der Italiener Franco Rossi im Fechten und der britische Leichtathlet Dick Thompson. Das deutsche Team errang insgesamt 30 Medaillen und lag damit auf Rang drei der Nationenwertung.

1964 - Tokio

Zur Eröffnungsfeier der Paralympischen Spiele 1964 kamen bereits 5000 Zuschauer, unter ihnen auch Seine Kaiserliche Hoheit Prinz Akihito und Prinzessin Michiko. Sowohl die lokale als auch die nationale Presse berichteten ausführlich. Eine der heute beliebtesten Disziplinen feierte Premiere: das Rollstuhlrennen der Männer und Frauen (damals über 60 Meter). An den Spielen in Tokio nahmen 370 Athleten aus 21 verschiedenen Nationen teil, die sich in neun verschiedenen Sportarten und 143 Disziplinen maßen. An der Spitze des Medaillenspiegels standen nach 143 Entscheidungen die USA vor Großbritannien und Italien. Neben den schon in Rom erfolgreichen Franco Rossi und Dick Thompson feierten die Bogenschützin Margaret Harriman aus Zimbabwe, der Fechter Serge Beck aus Frankreich sowie die Leichtathleten Ron Stein (USA) und Daniel Erasmus (Südafrika) beachtliche Mehrfach-Erfolge. Mit nur zwölf Medaillen und Platz neun der Gesamtwertung blieb das deutsche Team deutlich hinter dem Erfolg von 1960 zurück.

1968 – Tel Aviv

Die Austragung der Paralympics 1968 war zwei
Jahre vor Veranstaltungsbeginn massiv gefährdet.
Die mexikanische Regierung hatte erklärt, sie
könne die Spiele nicht ausrichten, Grund seien
technische Schwierigkeiten. Um die Tradition des
Vierjahresrhytmus parallel zu den Olympischen
Spielen aufrecht zu erhalten, akzeptierte Sir
Ludwig Guttmann eine Einladung der israelischen
Regierung und der ILAN Gesellschaft (einer
israelischen Organisation für Menschen mit
physischen Behinderungen), die Internationalen
Stoke Mandeville Games von 1968 in Ramat Gan
bei Tel Aviv abzuhalten. Das sportliche Programm
war inzwischen erheblich erweitert worden. Lawn
Bowling (dem Boccia ähnlich), Frauen-Basketball
sowie das 100-Meter-Rollstuhlrennen der Männer
wurden eingeführt. Zudem gab es erhebliche
Änderungen des Klassifizierungssystems in der
Leichtathletik, im Basketball und im Schwimmen.
Die Teilnehmeranzahl betrug nun 782, 199 Frauen
waren am Start. Die Athleten aus 28 Nationen
maßen sich in insgesamt 10 Sportarten bzw. 188
verschiedenen Disziplinen. Der Star der Spiele war
Roberto Marson aus Italien. Das 25-jährige

Multitalent gewann neun Goldmedaillen, je drei in der Leichtathletik, im Schwimmen und Fechten. Für Furore sorgte zudem die australische Schwimmerin Lorraine Dodd mit drei Rekorden innerhalb eines Tages. 35 Medaillen holte die deutsche Mannschaft in Tel Aviv (Rang sechs der Nationenwertung). Fleißigster Sammler war Manfred Emmel im Schwimmen und Tischtennis mit insgesamt fünf Medaillen, dicht gefolgt von Heinz Simon (Bogenschießen, Fünfkampf, Tischtennis) und Johann Schuhbauer (Leichtathletik) mit je vier Mal Edelmetall.

1972 – Heidelberg

Auch 1972 wurden die Paralympischen Spiele noch nicht in derselben Stadt abgehalten wie die Olympischen. Da das olympische Dorf in München direkt nach den Spielen geschlossen und zu privaten Wohnungen umgebaut wurde, konnte der Deutsche Behindertensportverband keine Unterbringung für die etwa 1000 erwarteten Athleten organisieren. Heidelberg sprang in die Bresche. In Goalball und 100-Meter-Sprint für Sehbehinderte fanden Demonstrationswettbewerbe statt. Die Spiele 1972 zeigten neben allen

Erfolgen erstmals die Notwendigkeit, das Regelwerk und die Klassifizierungsstrategie der einzelnen Sportarten zu überarbeiten. Mit der Gründung von Komitees für jede Sportart kamen die Trainer dieser Forderung nach. Deutschlands damaliger Bundespräsident und Schirmherr Gustav Heinemann eröffnete am 2. August die Spiele, an denen 926 Athleten, darunter 270 Frauen, aus 41 Ländern teilnahmen und in 188 Disziplinen wetteiferten. Die Deutschen gewannen zum ersten Mal die Nationenwertung mit 67 Medaillen, davon 28 Mal Gold, und somit elf Medaillen mehr als die zweitplatzierten Amerikaner. Edmund Weber war mit drei Siegen (Kugelstoßen, Diskus- und Speerwurf) und einem dritten Platz (Tischtennis) der erfolgreichste deutsche Teilnehmer.

1976 – Toronto

Bei der Eröffnungsfeier 1976 in Toronto waren schon 24 000 Zuschauer anwesend. Dies ist auch teilweise die Folge einer steigenden Zahl von Teilnehmern. Seit Heidelberg hatte sich die Zahl der Athleten um ein Drittel verdoppelt. Die Zahlen sind nicht eindeutig, es nahmen aber wohl zwischen 1450 und 1650 Athleten teil, von denen etwa 250 Frauen waren. Allerdings zogen zahlreiche Länder wegen Südafrikas Teilnahme ihre Zusage zurück, um gegen die dort herrschende rassistische Gesellschaftsordnung zu protestieren. Amputierte und Sehbehinderte gaben ihren Einstand, neue Wettkämpfe wurden erstmals ausgetragen. Auch die Zahl der Klassifizierungen hatte stark zugenommen. In den 13 Sportarten fanden deshalb 448 Medaillenentscheidungen in den verschiedenen Startklassen statt. Die neue Vielfalt mit ihren organisatorischen Herausforderungen machte deutlich, dass die Gründung einer internationalen Organisation zur Bewältigung dieser Aufgaben unumgänglich war. Der Kanadier Arnie Boldt wurde als der herausragende Athlet der Paralympics von Toronto geehrt. Der erst 18 Jahre alte Amputierte gewann den Hochsprung mit 1,86 Metern sowie mit 2,96 Metern auch den Weitsprung. Mit neuen Weltrekorden über 100 (19 Sekunden), 800 (2:47 Minuten) sowie 1500 Meter (5:32 Minuten) fuhr der Rollstuhlfahrer David Kiley ins Rampenlicht. Der US-Amerikaner holte außerdem Gold mit den US-Basketballern. Aufgrund der größeren Anzahl sowie der Differenzierung von Sportarten wurde mehr Edelmetall denn je vergeben. 97 Medaillen, davon 37 Mal Gold, gingen auf das Konto der deutschen Mannschaft. Seinen ersten Platz von 1972 konnte das Team nicht verteidigen und landete auf Rang vier. Erster im Ranking war wieder die USA, gefolgt von den Niederlanden und Israel. Manfred Emmel, der schon 1968 fünf Medaillen gewonnen hatte, sicherte sich im Tischtennis den Sieg und schaffte im Diskuswerfen und Schwimmen drei zweite Plätze. Fünf - und damit die meisten - Medaillen holte Waltraud Hagenlocher im Bogenschießen und in der Leichtathletik.

1980 – Arnheim

Die Spiele von 1980 standen erneut im Zeichen der Politik. Die International Stoke Mandeville Games Federation (ISMGF) hatte die Spiele an die Niederlande vergeben, nachdem die Sowjetunion die Spiele nicht abhalten wollte, obwohl die Olympischen Sommerspiele im selben Jahr in Moskau stattfanden. Südafrika und sein Apartheid-Regime standen erneut im Fokus. Dieses Mal wurde dem Land die Teilnahme verweigert. Zum ersten Mal nahmen zerebral-bewegungsgestörte Sportler an den Paralympics teil. Bei den Spielen starteten um die 2000 Athleten aus 42 Nationen, davon 426 Frauen. Weil die Zahl der Startklassen schon wieder gestiegen war, gab es 587 Medaillenentscheidungen. Trischa Zorn begann ihren paralympischen Siegeszug. Die sehbehinderte Schwimmerin aus den USA gewann siebenmal Gold. Seinen Weltrekord im Hochsprung verbesserte der nun 22-jährige beinamputierte Kanadier Arnie Boldt auf 1,96 Meter. Deutschland sammelte insgesamt 161 Medaillen - davon 67 goldene - und stand auf Rang drei der Nationenwertung hinter den USA und Polen.

1984 – New York / Stoke Mandeville

Auch 1980 wollten die in der ISMGF zusammengeschlossenen Behindertensportverbände ihre Spiele in der gleichen Stadt wie die Olympischen Sommerspiele austragen. Das Organisationskomitee der Spiele von Los Angeles (LAOOC) lehnte jedoch die Austragung der Paralympics ab. Zur Begründung sagte LAOOC, dass dies „nicht in das professionelle Image der Spiele von Los Angeles passe". Daraufhin bot sich die Chicagoer Vorortgemeinde Champagne an, die Veranstaltung durchzuführen. Wenige Monate vor der geplanten Eröffnungsfeier gab die Gemeinde die Spiele jedoch zurück, weil 100 000 Dollar zur Deckung der Kosten fehlten. Daraufhin wurden die Spiele geteilt. Die Gelähmten trugen ihre Wettkämpfe letztmals in Stoke Mandeville aus. Alle anderen körperlich Behinderten reisten nach New York. Dort maßen sich 2087 Athleten aus 54 Nationen in nun 970 verschiedenen Disziplinen. Wie die Olympischen Sommerspiele 1984 so wurden auch die Sommer-Paralympics 1984 von der Sowjetunion sowie einigen weiteren Ostblock-Staaten boykottiert. Fünf goldene und eine silberne Medaille holte Siegmar Henker (Schießen, Diskuswerfen und Fünfkampf) für das deutsche Team, das auf insgesamt 229 Medaillen und Rang fünf in der Nationenwertung kam. Das schwedische Team sammelte nur 157 Medaillen, landete aber mit 80 Goldmedaillen vor Deutschland (79) auf Rang vier der Gesamtwertung. Die Medienpräsenz insbesondere in New York war größer als je zuvor im Behindertensport. Neben den großen amerikanischen Fernsehstationen und Zeitungen befanden sich Vertreter der BBC, des niederländischen und des bundesdeutschen Fernsehens sowie des schwedischen Fernsehens und Radios am Schauplatz der Spiele. Nach diesen zweigeteilten Spielen handelten die Verbände Cerebral Palsy International Sports and Recreation Association (CP-ISRA), International Blind Sports Association (IBSA), International Sport Organization for the Disabled (ISOD) sowie die ISMGF und formten gemeinsam das International Coordinating Committee of World Organizations for the Disabled (ICC). Dieser Verband sollte fortan die Paralympischen Spiele organisieren.

1988 – Seoul

Mit diesen Paralympischen Spielen gingen viele Änderungen einher. Zum einen trugen die Spiele zum ersten Mal den Namen „Paralympics". Zum anderen wurden die Paralympischen Spiele wieder am selben Ort wie die Olympischen Sommerspiele ausgetragen. Zudem setzte die Veranstaltung in der südkoreanischen Hauptstadt Maßstäbe hinsichtlich der Größe und Organisation des Events. Die 3057 Teilnehmer aus 60 Nationen konnten sich in den neuen, extra für Olympia gebauten Hallen und

Sportzentren messen und auch die Unterkünfte der Nichtbehinderten nutzen. Als Demonstrationssportart wurde Rollstuhl-Tennis eingeführt. Außerdem wurde die Zahl der Medaillenentscheidungen auf 732 heruntergeschraubt, weil man es sinnlos fand, wenn Sportler teilweise einzeln oder nur zu zweit in ihren jeweiligen Klassifizierungsgruppen starteten. Zum Star der Spiele avancierte erneut die US-Schwimmerin Trischa Zorn. Die sehbehinderte Athletin gewann insgesamt zwölf Goldmedaillen, davon zwei mit den Staffeln. Im Rahmen ihrer Serie stellte sie neun Weltrekorde auf. Mit Platz zwei in der Nationenwertung verbesserte sich Deutschland im Vergleich zu den vorangegangenen Paralympics und erreichte das beste Ergebnis seit 1972. 193 Medaillen - davon 76-mal Gold - standen auf dem Konto der deutschen Mannschaft.

1992 – Barcelona

Bereits vor den Paralympics in Kataloniens Hauptstadt sorgte eine Entscheidung des Organisationskomitees für Diskussionen. Das Gremium hatte die Anzahl der teilnehmenden Athleten reduziert, indem es die Regeln und

Qualifikationshürden verschärft hatte. Dies schloss eine Vielzahl von Athleten aus, erhöhte aber das sportliche Niveau. Zudem erlaubten die neuen Regeln, dass fortan verschiedene Behinderten-klassen in den gleichen Wettbewerben starteten, so dass die Zahl dieser Klassen von 732 auf 489 sank. Daraus ergab sich allgemein das Motto: „Weniger Athleten, höheres Niveau." Der Einlauf der etwa 3000 Sportler aus 83 Nationen wurde von 65 000 Zuschauern live verfolgt. Trischa Zorn, Star von Seoul, wurde diesmal mit zehn Mal Gold sowie zwei Mal Silber dekoriert. Claudia Hengst, schon 1988 erfolgreichste deutsche Athletin, war auch in diesem Jahr zusammen mit Britta Siegers die fleißigste Medaillensammlerin des deutschen Teams. Die beiden Schwimmerinnen holten fünf goldene, zwei silberne und eine bronzene Medaille. Marianne Buggenhagen schaffte bei ihrer Paralympics-Premiere gleich viermal den Sprung auf das oberste Treppchen: Im Kugelstoßen, Fünfkampf, Diskus- und Speerwerfen war sie nicht zu schlagen. Deutschland verteidigte den zweiten Platz in der Nationenwertung hinter den USA und sammelte insgesamt 171 Medaillen, davon 61 Mal Gold.

1996 – Atlanta

Zum ersten Mal nahmen geistig behinderte Athleten (56 Athleten in insgesamt vier Demonstrationswettbewerben in der Leichtathletik und im Schwimmen) neben Athleten mit Rückenmarkbeeinträchtigungen, zerebralen Lähmungen, Amputationen und Sichtbeeinträchtigungen an den Paralympics teil. Unterstützt wurden die Spiele, bei denen insgesamt 3260 Athleten aus 104 Nationen starteten, von etwa 12 000 ehrenamtlichen Helfern. Trotzdem gerieten diese Paralympics zu einer Blamage für die Ausrichter, denn die Organisatoren in Atlanta ließen nach den Olympischen Sommerspielen die Einrichtungen bereits abbauen, so dass die Paralympics quasi in Ruinen stattfanden. Die vierfache Goldmedaillengewinnerin Louise Sauvage (Australien) fasste das Gefühl vieler Athleten zusammen: "Zum ersten Mal in meinem Leben habe ich mich wie eine Bürgerin zweiter Klasse gefühlt." Die Paralympics schienen für die Veranstalter nicht viel mehr zu sein als ein kleiner Nachtrag der Sommerspiele. Mit 149 Medaillen sammelten die Deutschen deutlich mehr als die in der Nationenwertung vor ihnen auf Rang zwei liegenden Australier (106), die aber mit 42 Goldmedaillen zwei mehr als die Deutschen errangen.

2000 – Sydney

Sydney markierte einen weiteren Meilenstein in der Geschichte der Paralympics. Bei den Millennium-Spielen herrschten die gleichen Bedingungen für behinderte und nichtbehinderte Athleten: ein Athleten-Dorf, ein Catering Service, eine einheitliche medizinische Versorgung - und die Paralympier starteten in denselben Sport-Einrichtungen wie zuvor die Olympioniken. Zudem übernahmen die Organisatoren das Ticketsystem, die Technologie und das Transportsystem. An den bis dato größten Paralympics nahmen 3881 Sportler aus 122 Ländern plus eine Delegation unabhängiger Athleten aus Ost-Timor teil. 1,2 Millionen Tickets wurden verkauft - mehr als doppelt so viele wie in Atlanta 1996. Für einen Skandal sorgte das siegreiche spanische Basketball-Team der geistig Behinderten. Untersuchungen ergaben, dass zehn der zwölf eingesetzten Spieler keinerlei Behinderungen haben. Als Konsequenz nahm das IPc zunächst alle

Wettkämpfe für geistig behinderte Sportler aus dem Programm. Eine behinderte Athletin sorgte bei den Spielen der Nichtbehinderten für Aufsehen. Die stark sehbehinderte US-Läuferin Marla Runyan erreichte über 1500 Meter das Finale und belegte Rang acht in 4:08,30 Minuten. Bereits acht Jahre zuvor in Barcelona hatte die Kalifornierin bei den Paralympics über 100 Meter, 200 Meter, 400 Meter und im Weitsprung gesiegt. In Atlanta triumphierte sie über 100 Meter und im Fünfkampf. Enttäuschend verliefen die Paralympics 2000 für die deutsche Mannschaft. Mit 16 goldenen, insgesamt 95 Medaillen und Platz zehn in der Nationenwertung erzielte sie ihr bisher schwächstes Ergebnis.

2004 – Athen

IPC und IOC vereinbarten 2001, dass ab dem Bewerbungsprozess für die Spiele 2012 gewählte Olympia-Städte auch die Organisation der Paralympics übernehmen müssen. Und dass schon ab 2008 die Paralympics kurz nach den Olympischen Spielen an denselben Sportstätten stattfinden müssen. Aber schon in Athen war das Organisationskomitee für die Olympischen Spiele

(Athoc) erstmals auch Veranstalter der Paralympics. Athoc ließ die Paralympier an den gleichen Sportstätten starten wie zuvor die Olympioniken. Erstmals mussten die Sportler auch nichts für ihre Teilnahme bezahlen. Beherbergt wurden die Athleten in den Räumlichkeiten des Olympischen Dorfes, das zum sogenannten Paralympischen Dorf umfunktioniert wurde. Nach den Spielen sollte es als behindertengerechte Wohnanlage zur Verfügung stehen. Unter den rund 4000 Teilnehmern aus 130 Ländern waren 1160 Frauen – so viele wie noch nie bei den Paralympics. Als Vorgeschmack auf die Spiele von Peking 2008 nahm China mit 141 Medaillen die Top-Position in der Nationenwertung ein. Auch verzeichneten die Paralympics von Athen erneut ein gestiegenes Medieninteresse. Und mit den Spielen wuchs auch der Betrug. Von 680 Dopingtests waren zehn positiv. In Athen lief und sprang ein deutscher Athlet ins Rampenlicht: Der unterschenkel-amputierte Wojtek Czyz holte Gold über 100 Meter, 200 Meter sowie im Weitsprung. Bundeskanzler Gerhard Schröder war bei einem seiner Siege im Stadion und schloss Czyz medienwirksam in die Arme. Im Medaillenspiegel verbesserten sich die

Deutschen auf Platz acht. Mit 19 Mal Gold und insgesamt nur 78 Medaillen konnten sie jedoch nicht ganz zufrieden sein.

2008 – Peking

Die Paralympics in China waren perfekt organisiert und wurden allgemein gelobt. In Superlativen schwärmte der Präsident des International Paralympic Committee (IPC), Philip Craven. "Das waren die besten Paralympischen Spielen aller Zeiten", sagte er. Auf jeden Fall wiesen sämtliche Statistiken Rekorde auf. 3951 Athleten aus 146 Nationen nahmen teil, die TV-Übertragungszeit erhöhte sich im Vergleich zu Athen 2004 um 200 Prozent, 1,82 Millionen Eintrittskarten wurden verkauft. Star der Spiele 2008 in Peking war der Leichtathlet Oscar Pistorius. Er gewann Gold über 100, 200 und 400 Meter. Es waren die ersten Paralympics nach seiner sportgerichtlichen Auseinandersetzung mit dem Leichtathletik-Weltverband IAAF, die Pistorius anstrengte, um seinen Plan umsetzen zu können, eines Tages bei Großveranstaltungen der Nichtbehinderten für Südafrika antreten zu können. 2007 hatte die IAAF ein Gutachten in Auftrag gegeben, um zu prüfen, ob

Pistorius als Prothesenläufer einen Vorteil gegenüber 400-Meter-Läufern mit zwei natürlichen Beinen habe. Das Gutachten des Kölner Biomechanik-Professor Gert-Peter Brüggemann ergab, dass Pistorius´ Prothesenlauf tatsächlich nicht vergleichbar sei mit einem Fußlauf. Für IAAF-Weltmeisterschaften und Olympische Spiele war Pistorius damit gesperrt. Er focht die Entscheidung mit einem Gegen-Gutachten aus den USA an und bekam vor dem Internationalen Sportgerichtshof (Cas) Recht. Um sich für Olympia in Peking zu qualifizieren, kam das Startrecht zu spät, aber bei den Paralympics in der chinesischen Hauptstadt konnte Pistorius sich als Dreifachsieger und globale Führungsfigur der paralympischen Bewegung einem großen Publikum präsentieren.

Wie bei den Olympischen Sommerspielen dominierten die Gastgeber auch bei den Pekinger Paralympics nach Belieben. Mit 211 Medaillen räumten die Chinesen mehr Edelmetall ab als Großbritannien, (2./102) und die USA (3./99) zusammen. 279 Weltrekorde wurden aufgestellt. Deutschland beendete die Spiele im Medaillen-spiegel auf Platz elf. 59 Mal standen die Athleten des Deutschen Behindertensportverbandes (DBS) auf dem Treppchen, davon 14 Mal ganz oben.

2012 – London

Erstmals seit dem Skandal von 2000 ließ das Internationale Paralympische Komitee wieder Menschen mit geistiger Behinderung bei den Paralympics starten. Und zwar in der Leichtathletik, beim Tischtennis und beim Schwimmen, in jenen Sportarten also, in denen die Reformen im Sinne einer nachvollziehbaren Klassifizierung durch den Internationalen Sportverband für Menschen mit geistiger Behinderug (INAS-FID) schon etabliert waren. Es nahmen 4452 Sportler aus 164 Nationen teil, die bislang größte Athletenanzahl bei den Paralympics. Die Nationenwertung gewann nach 503 Medaillenentscheidungen China mit 95 Mal Gold und insgesamt 231 Medaillen deutlich vor den USA. Deutschland erreichte mit insgesamt 66 Medaillen, davon 18 Mal Gold, Platz acht. Alles in allem gelten die Paralympischen Spiele 2012 in London als vorläufiger Höhepunkt in der paralympischen Geschichte.

Vermarktung der Paralympics

Von Serena Grätz

Sie stehen an einem düsteren Ort, umwabert von Rauch, beleuchtet von grellem Neonlicht. Sie, das sind Sportler mit Minderwuchs, mit Rädern statt Beinen, Federn statt Füßen, und Stümpfen, wo ursprünglich einmal ein Körperteil war. Die Athleten haben eine finstere Entschlossenheit im Blick. „Meet the Superhumans" steht in Großbuchstaben über der Szene auf dem Werbeplakat mit einem Verweis auf die in London stattfindenden Weltspiele des Behindertensports. „Meet the Superhumans" ist auch der Titel des Kino-Werbespots: Athleten beim Training, im Wettkampf, ihre Gesichter und unvollkommenen Körper in Nahaufnahme. Hiphop-Musik, zackige Schnitte. Plötzlich: ein harter Bruch, die Musik setzt aus: Eine Bombe geht hoch, ein Auto überschlägt sich, und eine schwangere Frau hält ihren Bauch, während ihr eine Ärztin sagt, dass ihr Kind eine Behinderung haben wird. Beim nächsten Schnitt setzt das Lied wieder ein und man sieht einen Mann im Rollstuhl neben einem komplett demolierten Auto stehen. Totalschaden. Aber der Mann lebt. Er ist Athlet. Er ist stärker als sein Schicksal.

Tom Tagholm, der die Superhumans-Kampagne entworfen hat, sagt: „Uns war am wichtigsten, den richtigen Ton zu treffen, um bei den Zuschauern eine neue Einstellung gegenüber dem Behindertensport zu erwecken." Tagholm inszeniert die Stärke und Entschlossenheit der Paralympier, er zeigt sie nicht als Unterlegene des Schicksals, sondern als Bezwinger des Schicksals, die längst zur nächsten Herkules-Aufgabe übergegangen sind. Mitleid? Brauchen diese Menschen nicht. Warum auch? Sie sind Sportler. Dass sie eine Behinderung haben, ist Nebensache. Jeder dieser Athleten hat das Ziel zu siegen, eine Medaille zu gewinnen und sich gegen die Konkurrenz durchzusetzen. Menschen mit Handicap, die früher unterschätzt wurden und in deren Nähe sich - laut einer Umfrage der Zeitung „The Independent" - jeder vierte Mensch unwohl fühlte, werden plötzlich als Vorbilder dargestellt.

Die Zeiten ändern sich. Sind Rollstuhlrennfahrer und Prothesensprinter also unsere Helden von morgen?

Jedenfalls markieren die Paralympics einen Wandel in der Vermarktung des Behindertensports. Durch seine offensive Kampagne in Anzeigen, Werbespots und auf Plakaten wollte der privat finanzierte Channel 4, der sich die TV-Rechte an der Veranstaltung gesichert hatte, möglichst viele Leute vor den Fernseher locken und ihnen den paralympischen Sport schmackhaft machen. Aber diese Kampagne war mehr als nur eine Marketing-Offensive. Sie setzte ausgewählte Vertreter einer gesell-schaftlichen Minderheit in ein Licht, in dem diese gesellschaftliche Minderheit vorher nie stand, und eröffnete die Chance, die Wahrnehmung von Menschen mit Behinderung zum Besseren zu verändern. Und zwar nicht nur durch seine Sportübertragungen ab sieben Uhr an jedem der elf Wettkampftage mit vielen eigens angestellten Paralympics-Experten, sondern auch mit der ein oder anderen Frechheit bei der allabendlichen Tagesrückblicks-Show „The Last Leg" des Comedians Adam Hills. In dieser Sendung waren stets Paralympier eingeladen, die offen über ihre Behinderung sprachen und auch über Witze lachten, die Außenstehende als behindertenfeindlich hätten einstufen können. Es ging eine starke Botschaft von dem Programm aus: Menschen mit Behinderung stehen nicht anders im Leben als Menschen ohne Behinderung.

Channel 4 hatte Erfolg. Der Sender erreichte Einschaltquoten von bis zu 15 Prozent mit seinen Übertragungen von den Weltspielen des Behindertensports. Er hat viele Nichtbehinderte erreicht. Er könnte dadurch tatsächlich zu einem aufgeklärteren Menschenbild in Großbritannien beitragen und damit einer Entwicklung Vorschub leisten, welche die Behindertensport-Lobby mit viel Mühe und Kleinarbeit auf den Weg gebracht hat.

Der Einfluss der Medien ist prägend dafür, wie Behinderte von der Gesellschaft angenommen werden. Auch im Rahmen der Paralympics. Ein Athlet beschwerte sich 2002 darüber, dass 540 Stunden über die Olympischen Spiele im Fernsehen berichtet wurden, über die Paralympics dagegen nur zehn bis zwölf Stunden, und dann auch nur zu Zeiten, in denen die meisten Menschen noch auf dem Nachhauseweg von der Arbeit waren. Genau diese mangelnde Berichterstattung und mediale Aufmerksamkeit führte dazu, dass die

Fähigkeiten der paralympischen Athleten nicht richtig erkannt und gewürdigt wurden. Das wiederum veranlasste das IPC dazu, einen frei zugänglichen Internet-Stream über Behindertensport anzubieten. Das Publikum gab positives Feedback. Wer sich für die Paralympics interessierte, konnte sich die Veranstaltungen anschauen, wann immer er wollte. Außerdem beauftragte das IPC ehemalige Paralympier, an Schulen oder bei Veranstaltungen das Thema des Behindertensports wieder mehr ins Gespräch zu bringen.

Die Werbe- und Marketing-Einnahmen der Paralympics sind immer noch ein Bruchteil der Werbe- und Marketing-Einnahmen bei den Olympischen Spielen. Die Paralympics sind immer noch viel kleiner als Olympia. Und dass sie so flächendeckend übertragen werden wie während der Londoner Spiele in Großbritannien und in Deutschland ist eher nicht die Regel. Trotzdem, die Bewegung wächst: Die Einnahmen durch Marketing, Sponsoring-Aktivitäten und Spenden im Zeitraum von 2004 bis 2007 haben sich fast verdreifacht. Noch nie sind so viele Athleten mit Behinderung in der Werbung zu sehen gewesen wie jetzt. Ganz London war mit Werbetafeln zuplakatiert, Häuserwände, Bahnstationen, Shoppingmalls. Mehr als 2,7 Millionen Tickets seien laut dem Londoner Organisationskomitee Locog bei den Paralympics verkauft worden. Egal, ob morgens oder abends - die Ränge waren meist voll besetzt. Das Rahmenprogramm im Park wirkte nicht viel weniger aufwendig als während der Olympischen Spiele. Die Eintrittskarten waren relativ billig – trotzdem nahm Locog insgesamt rund 45 Millionen Pfund allein durch den Verkauf der Tickets ein.

In den Londoner Tagen konnte man tatsächlich den Eindruck gewinnen, als würden Paralympier nicht mehr als Athleten zweiter Klasse angesehen. Die Spiele haben zumindest in einzelnen Ländern ein neues Bild von Behinderung geprägt. Menschen mit Behinderung erregen nun mit ihren Stärken Aufmerksamkeit, nicht mit den Schwächen. Allerdings: Nur weil die Medien ein politisch korrektes Bild von Behinderten vermitteln, heißt das noch lange nicht, dass nun eine Ebene geschaffen wurde, die ein selbstverständliches Nebeneinander von Menschen mit und ohne Behinderung zur Norm macht. Es steht die Frage im Raum, wie sich Nachwirkungen der Paralympics von London ausdrücken, wenn die Kameras aus sind und der Alltag wieder eintritt. Die Barrieren in den Köpfen der Menschen müssen fallen, und zwar nicht nur in den Tagen der Paralympics. Das Prinzip der Inklusion, das zu einer Gesellschaft mit gleichen Chancen für alle führt, ist noch keine Wirklichkeit. Auch die moderne Gesellschaft akzeptiert noch nicht jeden Menschen mit Behinderung in seiner ganzen Individualität oder bietet ihm die Möglichkeit, am alltäglichen Leben teilzuhaben, ohne an Barrieren zu stoßen. Davon können auch die Kampagnen und bunten Bilder von den Paralympics in London nicht ablenken.

Hightech im Behindertensport

Von Malte Hupe

Sein Start bei den Olympischen Spielen in London war umstritten. Bereits 2008 musste der sogenannte Blade Runner sein Startrecht in Peking beim internationalen Sportgerichtshof Cas in Lausanne einklagen. Der Leichtathletik-Weltverband IAAF hatte in den Hightech-Prothesen ein „technisches Doping" des Südafrikaners Oscar Pistorius gegenüber normalen Athleten gesehen. Und jetzt, bei den Paralympics in London, hat der beidseitig unterschenkel-amputierte Paralympics-Sieger Pistorius selbst eine Debatte um die Hilfsmittel im Behindertensport entfacht. „Wir laufen ein unfaires Rennen hier", sagte er dem britischen Sender Channel 4, nachdem er beim Finale über 200 Meter überraschend hinter dem Brasilianer Alan Oliveira als Zweiter ins Ziel gekommen war. Die Knie des Brasilianers seien aufgrund seiner langen Stelzen acht Zentimeter höher, als sie eigentlich sein sollten.

Es stellt sich also die Frage: Bleibt Hightech im Behindertensport eine notwendige Unterstützung für Behinderte oder wird es zu einer Bedrohung für den fairen Wettkampf?

Der technische Einfluss auf den Ausgang von Wettbewerben ist von Disziplin zu Disziplin unterschiedlich. Im Bereich der Fortbewegung lassen sich drei Gruppen von Hilfsmitteln herauskristallisieren: Prothesen, Sportrollstühle und Bahnräder.

Die Technik der Prothesen steht wohl im engsten Kontakt mit der vom Sportler erbrachten Leistung. Eine Sprintkarbonfeder, die je nach Behinderung am Oberschenkel, Knie oder Unterschenkel befestigt wird, besteht aus ca. 20 bis 50 übereinanderliegenden Karbonschichten, welche in Handarbeit aufgetragen werden. Sie erlaubt es, zum Beispiel beim Laufen die auftretenden Kräfte abzufangen und zu speichern sowie beim nächsten Schritt diese nahezu verlustfrei wieder freizugeben.

Sportrollstühle werden sowohl gemäß der Behinderungsmerkmale als auch im Hinblick auf die Sport-Disziplinen (z.B. Basketball, Rugby, Fechten, Tennis) in unterschiedlichen

Ausführungen eingesetzt. Zum Beispiel werden je nach Sportart an den Rahmen Schutz- oder Rammbügel angebracht. Ein ausgeprägter Radsturz sorgt für eine große Drehfreudigkeit des Stuhls und für eine hohe Stabilität in Kurven oder bei schnellen Richtungswechseln. Der tiefliegende Sitz und die Lehne sind meist nur auf das unbedingt Notwendigste reduziert, unterschiedliche Greifreifen sorgen für eine optimierte Kraftumsetzung. Aus Stabilitätsgründen wird der Rahmen häufig als Starrrahmen angefertigt, d.h. schraubenlos in einem Stück geschweißt.

Auch im Radsport werden die Räder speziell der Behinderung angepasst. So wird zwischen Zweirädern (übliche Rennräder), Dreirädern, Tandems oder handbetriebenen Rollstühlen differenziert, die der Behinderung der Athleten entsprechen. Demzufolge gibt es verschiedene Startklassen, unterschieden z.B. nach Amputierten, Blinden, Zerebralparetikern und Menschen mit anderen körperlichen Beeinträchtigungen. Oftmals besitzt ein Bahnrad weder Bremsen noch eine Schaltung oder einen Freilauf. Sie weisen typischerweise eine andere Rahmengeometrie als Straßen-Rennräder auf.

Nichts scheint enger mit der sportlichen Leistung im Zusammenhang zu stehen als der Einsatz der richtigen Prothesen in der Leichtathletik. Auf den speziell angefertigten Sprintprothesen lassen sich zum Beispiel bei einem Sprint über 100 Meter Zeiten von 10,85 Sekunden realisieren, über 400 Meter sind im Verhältnis sogar noch bessere 45,44 Sekunden möglich.

Gerade im Langsprint über 400 Meter wird deutlich, wie gering die Zeitdifferenz zwischen paralympischen und olympischen Spitzensportlern eigentlich ist. Der beidseitig unterschenkelamputierte Südafrikaner Oscar Pistorius erreichte über diese Strecke das Halbfinale bei den Olympischen Spielen in London. Der 25-Jährige qualifizierte sich als Vorlauf-Zweiter direkt für die nächste Runde. Besser war in seinem Lauf nur der nicht-behinderte Luguelin Santos aus der Dominikanischen Republik, der um gerade mal drei Hundertstelsekunden schneller war als Pistorius.

Das zeigt, dass Prothesen nicht nur die fehlenden Gliedmaßen eines Athleten ersetzen, sondern dass ein Athlet auf ihnen Leistungen im absoluten Spitzenbereich nicht-behinderter Athleten erzielen kann – wenn er, wie Oscar Pistorius, das Talent dazu hat, mit diesen Prothesen umzugehen.

Pistorius trat als erster und einziger Läufer mit amputierten Gliedmaßen bei Olympischen Spielen und olympischen Leichtathletik-Weltmeisterschaften an. Sein Kampf um Gleichstellung und seine Läufe auf „keinen Beinen", wie manche Medien es überspitzt ausdrückten, haben ihn weltberühmt und zu einem begehrten Werbepartner für große Unternehmen gemacht. Der Prothesensprint-Profi Oscar Pistorius hat sich zu seiner eigenen Marke entwickelt und zeigt damit, dass kommerzielle Mechanismen auch im Behindertensport greifen. Besonders die Orthopädie-Industrie hat die Paralympics längst als Werbebühne, Produktmesse und Spielfeld für Hochqualitätsmaterial entdeckt. Das deutsche Unternehmen Otto Bock hat als Hersteller von Alltags- und Sport-Prothesen im Geschäftsbereich Orthobionic im Jahr 2011 einen Umsatz von 487 Millionen Euro erzielt, Tendenz steigend. Otto Bock gehört zum Sponsorenpool des IPC und betrieb bei den Paralympics in London eine Service-Werkstatt im Paralympischen Dorf, in der Teilnehmer Reparaturen an Prothesen oder Rollstühlen vornehmen lassen konnten. Der Firma bringt das gute Image-Werbung, und die Sportler profitieren von Rat, Tat und Ersatzteilen der Techniker.

Ohne die kommerziellen Anreize, welche die Paralympics der Orthopädie-Industrie oder anderen Unternehmen bieten, könnten die Spiele nicht überleben. Jede Sportveranstaltung finanziert sich sehr stark über Sponsoren, auch die Paralympics. Und doch wirft gerade der Einfluss der Orthopädie-Industrie auch Fragen auf: Droht der sportliche Wettbewerb bei den Paralympics irgendwann zu einem Wettbewerb von Ingenieuren und Orthopädie-Mechanikern zu werden? Wird sich irgendwann nicht mehr der beste Sportler durchsetzen, sondern der mit der besten Prothese und der ausgefallensten Idee, diese schnell zu machen? Könnte der sportliche Geist im Wettbewerb um die besten Hilfsmittel in den Hintergrund treten? Droht die Gefahr, dass eines Tages Juristen die Nachbereitung paralympischer Medaillenentscheidungen prägen, weil es Zweifel an der Rechtmäßigkeit von hochmodernen Hightech-Knien oder super-schnellen Rollstühlen gibt? Könnten solche

Streitigkeiten gar die Debatte um die Integration von Behinderten in der Gesellschaft beschädigen? Schwierige Fragen, denen sich das IPC stellen muss. Besonders in der Leichtathletik haben die Spiele in London gezeigt, dass das Material-Reglement des IPC ausbaufähig ist. Es gibt noch zu viel Spielraum, um zum Beispiel Prothesen zu neuartigen Sportgeräten umzubauen, die einen Vorteil gegenüber herkömmlichen Modellen bringen. Die Vergleichbarkeit absoluter Leistungen gerät damit in Gefahr. Die Regeln müssen zugleich offen und flexibel sein gegenüber weiteren Veränderungen, die zum Beispiel die fortschreitende Technologie mit sich bringt.

Oscar Pistorius hat sein Recht erstritten und andere Sportler zu einem ungleichen Wettkampf herausgefordert. Das mag kurios und spektakulär sein in den Augen der Zuschauer und der Medien. Oscar Pistorius hat aber auch erlebt, wie er selbst aufgrund eines ungleichen Wettkampfs unterlag. Unterm Strich sollte das gegenseitige Messen im Sinne des sportlichen Geistes im Vordergrund stehen – nicht der Kampf der Prothesenbauer um das beste Material.

„Da lässt sich die Natur

nicht so einfach kopieren"

Während den elf Tagen der Paralympics bot das Unternehmen Otto Bock GmbH, ein führender Hersteller von Prothesen und Orthesen, den Athleten praktische Unterstützung an: Mit ca. 15 Technikern und einem eingerichteten Logistik- und Service-Center während der Spiele versorgte die Firma die Sportler rund um die Uhr mit technischer Hilfe. In einem Interview mit Vertretern des Gymnasiums Oberhaching sprachen die Unternehmenssprecher Rüdiger Herzog und Bettina Wulff sowie der Techniker Jens Nörtemann über die Arbeit während der Spiele, aber auch über die Bedeutung und Möglichkeiten von Prothesen im sportlichen Umfeld allgemein.

Gymnasium Oberhaching: Welche Unterschiede haben Prothesen im Alltag gegenüber den Hilfsmitteln, wie sie im Behindertensport verwendet werden?

Herzog: Für die Einordnung ist es wichtig (...),

dass die eigentliche Hightech-Entwicklung bei der Versorgung für den Alltag stattfindet. Beim Sport gibt es natürlich auch anspruchsvolle Produkte. So eine Sprint-Karbonfeder besteht aus plus minus 20 übereinanderliegenden Karbonschichten, die mit Handarbeit aufgetragen werden. Aber die eigentliche Hightech-Geschichte sind mikroprozessorgesteuerte Beinprothesen, also die gedankengesteuerte Prothese, durch die Gehirnsignale über die Nerven an die Prothese übertragen werden, so dass der Mensch die Prothese wahrnimmt wie ein Körperteil - das sind alles Sachen für den Alltag. Somit sind die Investitionen in die Forschung und in die Entwicklung von Alltagsprothesen sehr, sehr viel höher. Sport ist ein Nischenbereich für Otto Bock. Dann kommt dazu das Regelwerk (...): Im Sport sind durch das Regelwerk nur Systeme erlaubt, die mechanisch funktionieren. Das bedeutet, dass die Kraft, die beim Laufen aus der Prothese auf die Bahn kommt, nur die Kraft ist, die der Mensch in die Prothese reingegeben hat. Eine Karbonfeder verformt sich beim Fußaufsatz und gibt die Energie wieder frei.

(...)

GO: Wie stehen die sportlich erbrachten Leistungen im Zusammenhang mit den vom Athleten benutzten Hilfsmitteln?

Herzog: Es gibt eine eindeutige Leistungsentwicklung bei den Sportlern, die meiner Meinung nach zu 90 Prozent auf professionelleres Training und – was im Zusammenhang mit der Technologie eine Rolle spielt – auf die enge Zusammenarbeit zwischen Sportler und Techniker zurückzuführen ist. Heinrich Popow (deutsche Sprinter, Anm. d. Red.) hat bei Otto Bock mindestens drei Leute, mit denen er zusammenarbeitet. Einer ist ein Entwickler, der sich auch von Heinrich das Feedback holt bei der Frage, was man aus Sicht eines Amputierten verbessern kann. Die Zusammenarbeit zwischen Sportler und Techniker – das ist die hohe Kunst: Heinrich Popow macht im Winter 30 Stunden Krafttraining pro Woche und hat dadurch völlig andere Kraft- und Stumpfverhältnisse, wenn der Frühling beginnt. Dann muss unter Umständen der Schaft verändert werden. Der Schaft muss hundertprozentig sitzen, sonst bringt das beste Kniegelenk nichts. (...). Dann: Ist durch die Kraftentwicklung vielleicht auch die

Notwendigkeit gegeben, die Hydraulik im Knie noch etwas anders einzustellen? Je schneller jemand wird, umso weniger Widerstand will er in der Hydraulik haben. Diese individuellen Optimierungen, das ist der Bereich, wo sich die Guten von den sehr Guten unterscheiden.

GO: Wie weit ist der Stand der Technik in der Entwicklung von Prothesen?

Herzog: Bei den Karbonfüßen hat man mittlerweile einen Level erreicht, dass sich dieser Karbonfuß genauso verhält wie ein natürlicher Fuß. In Gang-Laboratorien gibt es Bodenreaktionsmessplatten, da geht man dann mit dem natürlichen Fuß rüber und da kann man Kraftverlauf, Fersenaufsatz, Abrollen und Beisetzen messen: Das kann man dann in Kurvenform darstellen. Und man hat heute Karbonfüße, die exakt den gleichen Kurvenverlauf haben wie ein natürlicher Fuß. (...)

GO: Wie sieht Ihre Arbeit hier konkret bei den Paralympics aus?

Herzog: Was wir hier machen erfolgt in Zusammenarbeit mit dem jeweiligen Organisationskomitee (...). Wir bieten Service für alle

Sportler aus aller Welt, egal von wem sie ausgestattet sind. Und wenn jetzt hier jemand in die Werkstatt kommt und einen Rollstuhl von einer anderen Firma hat, macht das für uns keinen Unterschied. Wir haben 15000 Ersatzteile mitgebracht. Das muss reichen, wir bestellen aber auch nach. Wir haben ein Logistik-Zentrum hier (...).

Wulff: Wir versuchen die Sportler zu unterstützen mit dem Material, mit dem sie kommen. Und wenn das ein relativ alter Rollstuhl ist, dann wird hier erstmal versucht, den zu reparieren, den auszubessern, wie auch immer. Die Intention ist nicht, die fahren mit einem alten Rollstuhl rein und fahren mit einem neuen von Otto Bock raus.

Herzog: Teilweise sind das sehr improvisierte Lösungen, die die Leute bringen. Es gab einen Mongolen, der hatte sich und anderen aus allen Materialien, die verfügbar waren, Prothesen gebaut. Manchmal hatte er Glück, da hatten sich japanische Ersatzteile in die Mongolei verirrt, aber im Wesentlichen ist das Phantasie, Kreativität. (...) Wenn jemand aus einem Schwellenland kommt, bringt es auch gar nichts, wenn man den mit Hightech versorgt, weil er in seiner Heimat auch keinen Techniker hat, der ihn später versorgen kann.

GO: Wie häufig kommen Reparaturen vor?

Herzog: Wir haben vor der Eröffnungsfeier etwa 900 Aufträge abgearbeitet. Oscar Pistorius kommt nicht hierher, dieser Athlet wird komplett von seinem Sponsor bedient und unterstützt. (...) Die neuen Kniegelenke halten sensationell lange. Aber so eine Prothese kann auch mal im Training brechen. So eine Sprintprothese kostet schon 10000 Euro.

GO: Führen Prothesen nicht zu einer Verzerrung in der Bewertung der sportlichen Leistungen?

Wulff: Man kann die Disziplinen und Klassifizierungsklassen schlecht miteinander vergleichen. Aber eins ist klar, Sie können hier nicht nur bei Paralympischen Spielen starten, weil Sie die perfekte Prothese oder Orthese haben. Für Spitzenleistungen müssen Sie ein absoluter Spitzensportler sein und trainieren wie ein olympischer Sportler.

Herzog: Das Ziel der Orthopädietechnik ist nicht, das Maximum herzustellen. Das Ziel ist, das, was man an natürlicher Mobilität verloren hat, wiederherzustellen. (...)

GO: *Wie erfolgt die Herstellung von Prothesen?*

Herzog: Alle Prothesen sind Einzelanfertigungen. 50 bis 90 Karbonschichten werden aus einer Fläche ausgeschnitten und mit einer Rolle behandelt, damit die kleben. Dann werden sie im Backofen auf ein paar hundert Grad erhitzt, damit das zusammenschmilzt, und anschließend abgeschliffen. Es wäre schön, wenn man sagen könnte, das ist ein Sportler mit den und den Kraftverhältnissen, so groß, so schwer, und man könnte sagen: 76 Karbonschichten. Aber leider gehört zu den Eigenheiten dieses Materials, dass man so nicht arbeiten kann. Das ist jedes Mal wieder ein bisschen anders. Deshalb braucht man eine Prüfmaschine, mit der man die Kraftverhältnisse misst. Man hat immer ein gewisses Sortiment zur Auswahl.

GO: *Wie funktionieren die Prothesen? Gibt es Besonderheiten in der Funktionsweise von Prothesen beim Sport?*

Nörtemann: Die Biomechaniker sagen, Gehen ist ein kontrolliertes Fallen. Das Knie ist dazu da, um zu bremsen. Hydraulik regelt die Bremswirkung. Beim 100-Meter-Läufer ist die Hydraulik optimiert auf eine bestimmte Geschwindigkeit, auf seine Höchstgeschwindigkeit. Mechanik kann man eben immer nur für eine Situation einstellen (...). Sportler haben keine Standphase, weil sie keine Standphase brauchen. Was sie brauchen ist ein relativ robustes Gelenkchassis, das die Kräfte auffängt. Denn wenn ich gehe, habe ich irgendwann mein ganzes Körpergewicht auf dem ganzen System. Wenn ich laufe, ist es das Dreifache des Körpergewichts. Das muss das Knie aushalten. Der normale Gehzyklus dauert vom Aufsetzen bis zum Wiederaufsetzen eine Sekunde. Das ist beim Laufen natürlich etwas reduziert: 0,2 bis 0,3 Sekunden, da muss alles passiert sein, das Auftreten, Flektieren, wieder Strecken. Das heißt die ganze Hydraulik muss natürlich freier sein, intern müssen die Kanäle so sein, dass das Öl schnell fließen kann. Wir verwenden Silkonöl mit einer Viskosität von 700. Und wenn das sich auf 30, 40, 50 Grad aufheizt, was durchaus möglich ist beim längeren Laufen, verlieren wir natürlich an Viskosität. (...) Die Dämpfung geht immer leichter. Wenn es zu leicht läuft, wird es aber unangenehm.

GO: *Ein Kniegelenk lässt sich offensichtlich recht gut nachbauen. Wie ist es mit dem Sprunggelenk?*

Nörtemann: Das Sprunggelenk ist sehr schwierig

herzustellen. Das hat so viele Funktionen. Da lässt sich die Natur nicht so einfach kopieren. Da sind uns auch Grenzen gesetzt.

Psychische Barrieren paralympischer Sportler

Von Konstantin Vogel

Die Paralympics 2012 in London sind ein buntes Fest gewesen mit einer denkwürdigen Atmosphäre: volle Stadien, mitfiebernde Zuschauer, mitreißendes Gemeinschaftsgefühl, höchstmotivierte Sportler, die an ihre Leistungsgrenzen gingen und den Erfolg im Wettstreit suchten. Im Mittelpunkt standen dabei die Sportler mit ihren Geschichten aus dem Wettkampfbetrieb der Paralympics. Aber es steckt noch mehr hinter jeder Athletenbiographie, als der Medaillenkampf im Rampenlicht vermuten lässt: Die meisten Paralympier haben schon Krisen erlebt, die weit über sportliche Enttäuschungen hinausgehen. Sie hatten Schwierigkeiten und Nöte zu bewältigen, noch ehe sie überhaupt die sportliche Herausforderung annehmen konnten. Das hat sie geprägt. Die Sportler wirkten in London in den elf Tagen der Spiele wie die glücklichsten Menschen der Welt. Sie haben sich selbst dazu gemacht. Nicht nur, weil sie starke Körper haben. Sondern vor allem weil sie starke Seelen haben.

Der Münchner Diplom-Psychologe Benjamin Martens interessiert sich sehr für die Seelen von Sportlern mit Behinderung. Im Spitzensport ist es mittlerweile üblich, dass Athleten mit Psychologen zusammenarbeiten, um die richtige Einstellung zu den Herausforderungen des Wettkampfes zu finden. Und wenn Benjamin Martens die psychologische Betreuung von paralympischen Sportlern mit der von olympischen Sportlern vergleicht, dann fallen ihm durchaus ein paar Unterschiede ein.

Erstens sind paralympische Sportler selten Profis. Sie können ihren Lebensunterhalt nicht mit dem Sport bestreiten. Die meisten müssen neben Training und Wettkampf in bürgerlichen Berufen arbeiten. „Das bedeutet, dass das gesamte Training und die komplette Betreuung um den normalen Alltag herum konstruiert werden müssen“, sagt Martens, „psychologisch resultiert daraus auf der einen Seite häufig eine enorme Doppelbelastung und Stress. Der Athlet muss dann gezielt vor dem Hintergrund dieser Belastung die eigene Stresskompetenz aufbauen bzw. stärken.“ Um das zu schaffen, brauchen manche Paralympier Hilfen. Dazu passt auch, dass Paralympier mehr noch als Olympioniken mit dem Umstand umzugehen haben, dass sie nur alle vier Jahre einmal im Fokus der Öffentlichkeit stehen. Außer den Paralympics gibt es praktisch keinen Wettkampf für Sportler mit Behinderung, bei dem sie auf so viel Zuspruch treffen wie dort. Sogar paralympische Weltmeister-schaften wirken wie Provinz-veranstaltungen, weil Medien und Publikum ihnen kaum Aufmerk-samkeit schenken. Deshalb müssen die Sportler in den vier Jahren zwischen den Paralympics ein großes Durchhaltevermögen haben. „Jetzt entscheiden zum Beispiel die Leistungsmotivation, die psychische Ausdauer und die Frustrations-toleranz darüber, ob ich mich bis zum nächsten Großereignis quälen und hart arbeiten will und werde", sagt Martens. Für den Leverkusener Sprinter Heinrich Popow ist dieser Vier-Jahres-Zyklus ein Hindernis im Behindertensport. Die Zeiten der Paralympics sind für ihn speziell, denn: „Jetzt kucken wieder alle auf dich, jetzt darfst du auf keinen Fall versagen, weil sonst bis du wieder vier Jahre von der Bildfläche."

Zweitens finden Paralympier oft nicht so optimale Trainingsbedingungen vor wie Olympioniken. „Dies kann es unter Umständen erschweren, den Athleten optimal auf den Wettkampf vorzubereiten und kann parallel auch schon mal zu motivationalen Tiefs führen, die dann durch die Betreuer wieder kompensiert werden müssen", sagt Martens.

Drittens sieht Martens Unterschiede in der Motivation: „Während für viele olympische Sportler die Aussicht auf Ruhm und hohen Verdienst im Vordergrund steht, haben paralympische Sportler häufig noch einen ganz anderen Ehrgeiz – sie wollen sich selbst und anderen beweisen, dass sie trotz ihrer Einschränkung große Dinge vollbringen können. Solche motivationalen Quellen unterscheiden sich von Sportler zu Sportler. Betreuer und Athlet müssen lernen, mit dieser Motivation zu arbeiten und sie jeweils optimal zum Wettkampf hin aufzubauen." Martens sieht die Paralympier dabei nicht unbedingt im Nachteil, im Gegenteil. Für Vollprofis sind Sieg und Niederlage von größerer Bedeutung als für Amateure, die mit sportlichem Misserfolg nicht auch finanzielle Einbußen verbinden. „Paralympische Sportler müssen meist ihren Lebensunterhalt außerhalb ihres Sports verdienen. Sie können daher häufig lockerer an den Sport herangehen und ´freier aufspielen`, wie man im Fußball sagen würde", sagt Benjamin Martens.

Viertens müssen sich die Paralympier aus Martens´ Sicht wegen ihrer Behinderung auch im Rahmen ihres Trainings auf besondere Punkte konzentrieren. „Hier ist je nach Art der Einschränkung teilweise auch mentale bzw. psychologische Betreuung notwendig."

Heinrich Popow ist der Meinung, dass eine paralympische Seele stärker sein kann als eine olympische. Popow, 29, in London Paralympicssieger über 100 Meter, hatte im Alter von neun Jahren einen Tumor in der linken Wade, die Ärzte mussten ihm deshalb das Bein amputieren. Aus seiner Sicht lernen nicht nur die Behinderten von Nichtbehinderten, sondern auch die Olympioniken können von den paralympischen Sportlern profitieren. „Wir haben eine Story, da steckt ein Mensch hinter, der viel durchgemacht hat", sagt er, „wir können motivieren, wir können Vorbilder sein."

Die größte Hürde, die ein paralympischer, seit einem Unfall eingeschränkter Sportler in seinem Leben überwinden muss, ist die Zeit unmittelbar nach seinem Unfall. Die psychische Belastung ist immer unterschiedlich hoch, je nach Unfall und Charakter des Menschen. Oft tritt ein ganz bestimmtes Erscheinungsbild auf, Psychologen sprechen von einer sogenannten Belastungsreaktion. „Diese Reaktion kann direkt nach dem Ereignis oder aber auch erst zeitlich verzögert auftreten", erklärt Sportpsychologe Martens. „Bei den meisten Menschen lässt diese Belastungsreaktion bereits nach wenigen Tagen nach, wenn sie allerdings bis zu vier Wochen andauert spricht man von einer akuten Belastungsstörung. Ab vier Wochen nach dem traumatischen Ereignis kann eine posttraumatische Belastungsstörung diagnostiziert werden", sagt Martens. Die Symptome sind vielfältig. „Typischerweise beginnen sie mit einem Gefühl von Betäubung und Empfindungslosigkeit. Des Weiteren kann eine Beeinträchtigung des Bewusstseins und der Aufmerksamkeit auftreten, es können keine Reize verarbeitet werden, und die betroffene Person kann desorientiert sein. Danach tritt ein sehr wechselndes Bild auf, häufig sind dies depressive Symptome, Angst, Ärger, Verzweiflung und Aggressionen. Keines der Symptome ist längere Zeit vorherrschend. Manche Personen reagieren mit starken Rückzugstendenzen, andere mit Überaktivität und Unruhe (bis hin zu einer Fluchtreaktion). Begleitet wird dieser Zustand von charakteristischen Angstsymptomen wie Herzrasen, Schwitzen, Erröten und Übelkeit. Es kommt vor, dass sich Betroffene nicht oder nur teilweise an das Trauma erinnern können. Diese Symptome werden auch oft von der Frage „Wieso trifft es ausgerechnet mich?" begleitet. Zudem müssen die Betroffenen in Abhängigkeit von der jeweilig erlittenen Einschränkung auch Teilbereiche ihres täglichen Lebens wieder neu erlernen. Mit Fokus auf den Sport kann ein Unfall auch schon mal das Karriereende und eine völlige Umorientierung auf eine neue Sportart bedeuten. Psychisch kann aus solchen Faktoren ein hohes Maß an Stress resultieren. Die Betroffenen müssen lernen, mit diesem Stress umzugehen und ihn wieder abzubauen. Dazu gehört auch, zu lernen, sich an die neuen Lebensvoraussetzungen zu adaptieren."

Es zeugt von einer großen inneren Kraft, wenn ein Mensch diesen Stress und die anderen Folgen seines Unfalls überwunden hat und dann im Sport die nächste Herausforderung sucht. Im Wettkampfbetrieb können Paralympier in die gleichen Zustände geraten wie jeder andere Sportler auch. „Dazu gehören Anspannung, Versagensängste, Leistungsdruck und unter Umständen auch Wettkampfangst", sagt Martens. Aber für Paralympier kann Sport die Bühne eines Neuanfangs und einer Aussöhnung mit dem neuen, unvollkommenen eigenen Körper sein. Das bringt eine zusätzliche Motivation, und dadurch nimmt der Sportler den Sieg nicht unbedingt wichtiger als das Sporttreiben selbst. Benjamin Martens mag nicht verallgemeinern, wenn er die seelischen Fähigkeiten von paralympischen und olympischen Sportlern vergleichen soll. „Wie wir schon festgestellt haben, erfordert eine Behinderung teilweise ganz andere psychische Stärken als ein Leben ohne Einschränkungen. Daher kann man diese beiden Gruppen von Menschen in diesem Merkmal nicht unbedingt eins zu eins vergleichen. Menschen, die es schaffen, mit ihrer Behinderung zu leben und diese im Alltag zu meistern, weisen jedoch ohne Zweifel viele psychische Stärken und damit auch wertvolle Ressourcen auf, die ihnen auch im sportlichen Wettkampf helfen können.“ Paralympicssieger Heinrich Popow denkt an seine olympischen Sportlerkollegen und sagt dazu stolz: „Die mentale Stärke können die von uns lernen.“

Die Klassifizierung bei den paralympischen Spielen

Von Lukas Wiesmeier

Zum ersten Mal seit zwölf Jahren durften in London wieder geistig behinderte Athleten an den Paralympics teilnehmen. Was 2000 bei den paralympischen Spielen in Sydney zu einem riesigen Skandal geführt hat, wurde 2012, also drei Paralympics später, wieder aufgenommen. Damals war ein spanischer Journalist der Auslöser für einen weltweiten Aufschrei. Nachdem dieser als Nicht-Behinderter in der spanischen Basketball-mannschaft für geistig Behinderte mittrainiert, an den Paralympics in Sydney teilgenommen und schließlich die Goldmedaille gewonnen hatte, schickte er seine Goldmedaille mit einem Geständnis an das Internationale Paralympische Komitee zurück. Daraufhin kam ans Licht, dass im Kader des spanischen Basketballteams nur zwei Behinderte waren, die anderen Athleten hatten ihre Behinderung lediglich vorgetäuscht. Danach wurden auch noch andere Betrugsfälle von geistig

Behinderten in den verschiedenen Wettkämpfen offengelegt.

Das Problem bei der Teilnahme der geistig Behinderten an den Spielen besteht nach wie vor in der Klassifizierung. Die Schwierigkeit der Klassifizierung ist bei den geistig Behinderten am größten, doch auch für andere Behinderungen wird ein komplexes Verfahren angewandt. Dazu muss die Behinderung vorerst begutachtet werden – selbstverständlich ist es leichter, ein fehlendes Bein festzustellen als eine geistige Behinderung.

Ziel der Klassifizierung ist es, für die Athleten mit Behinderung faire Wettkampfbedingungen zu schaffen. Der Gewinner soll sich in Geschicklichkeit, Fitness, Kraft, Ausdauer, taktischen Fähigkeiten und Konzentration als der Beste auszeichnen – dieselben Attribute, auf die es auch im Nicht-Behinderten-Sport ankommt.

Wer sich schon einmal einen Wettkampf der Paralympics angesehen hat, wird bemerkt haben, dass immer eine Klasse eingeblendet wird, bestehend aus einem Buchstaben, der die Sportart bezeichnet und einer Zahl, die die Behinderung anzeigt.

Für die wichtigsten Sportarten werden diese Buchstaben festgelegt:

- T für Track: Alle Wettkämpfe, die auf der Bahn ausgetragen werden
- F für Field: Alle sonstigen Leichtathletik Wettkämpfe
- S für Swimming: Sämtliche Schwimmwettkämpfe

Die erste Zahl zeigt die Art der Behinderung an, während die zweite den Grad bestimmt. Je höher die zweite Zahl ist, desto kleiner ist die Behinderung. Bei den Leichtathletik-Sportarten auf der Tartanbahn lässt sich das so darlegen:

- T11-13: Sehbehinderte
- T20: Athleten mit geistiger Behinderung
- T32-38: Zerebralparese, das sind Athleten, die generell durch Schäden im Gehirn bei bestimmten Bewegungsabläufen beeinträchtigt sind
- T42-46: Amputierte
- T51-58: Rollstuhlsport, wie z.B. Handbikes

Beispielsweise finden Wettkämpfe in der Klasse T43 auf der Tartanbahn statt. Daran nehmen Athleten mit doppelter Unterschenkelamputation oder kombinierter Arm- und Beinamputationen teil. In dieser Wettkampfklasse bestreitet Oscar Pistorius, einer der berühmtesten paralympischen Athleten, seine Rennen.

Im Gegensatz dazu werden Events aus der Klasse S5 im Wasser ausgetragen. Teilnehmen dürfen Sportler, die zwar vollständig ihre Arme und Hände benutzen können. Ihre Rumpf- und Beinmuskeln sind jedoch ohne jegliche Funktion. Welche enormen Leistungen diese Schwimmer mit Bestzeiten von 33 Sekunden im 50 Meter Freistil bringen, liegt auf der Hand. Die Beschreibung der Klasse scheint eigentlich alles über die Schwimmklasse auszusagen. Jeder, der schon einmal ein Schwimmrennen in dieser Klasse verfolgt hat, wird jedoch etliche Unterschiede zwischen den verschiedenen Athleten bemerken. Teilweise können die Schwimmer keinen Startsprung durchführen und müssen im Wasser starten. Im Gegensatz dazu fehlen manchen Athleten die Unterarme, während bei anderen Sportlern auf den ersten Blick keine Behinderung zu erkennen ist. Doch diese Schwimmer bestreiten nicht umsonst ihre Rennen in derselben Klasse. Letztendlich erreichen sie alle ungefähr zur gleichen Zeit das Ziel – man spricht in diesem Fall von einer funktionellen Klassifizierung.

Die funktionelle Klassifizierung ist eine von zwei Methoden, um Sportler mit Behinderung in Startklassen einzuteilen. Die andere Methode ist die medizinische Klassifizierung.

Bei der medizinischen Klassifizierung werden Sportler nach der Art ihrer Behinderung einer Gruppe zugeordnet. Dadurch ist es natürlich wesentlich schwieriger, gemeinsame Wettkampfgruppen zu formieren, da es selten vorkommt, dass Athleten genau dieselbe Behinderung haben. Diese Art der Klassifizierung wird zum Beispiel bei den paralympischen Leichtathletik-Wettbewerben angewendet. Um die Startfelder übersichtlicher zu gestalten, legt man Startklassen zusammen. In manchen Wettkämpfen werden Sportler mit unterschiedlichen Behinderungen in eine Wettkampfklasse eingeteilt, zum Beispiel die doppelt Unterschenkelamputierten mit den einfach Unterschenkelamputierten. Beim Werfen und Weitspringen versucht man dabei, die Nachteile, die eine bestimmte Behinderung mit sich bringt, mit der Leistung zu verrechnen, so dass am Schluss vergleichbare Weiten herauskommen. Das

Ergebnis wird dabei nicht nach Metern sondern nach Punkten bestimmt. Liegt bei einer vergleichsweise geringen Sprungweite eine hohe Punktzahl vor, so ist die Behinderung dementsprechend groß. Die verschiedenen Punktzahlen werden mithilfe der verschiedenen e-Funktionen errechnet. Diese Rechenmodelle stehen in der Kritik, weil sie teilweise nicht aufgehen oder Ergebnisse mit sich bringen, die kaum jemand nachvollziehen kann.

Der deutsche einfach oberschenkelamputierte Athlet Wojtek Czyz stand am Freitag, den 31. August 2012, bei den Paralympics vor 80 000 Zuschauern im Londoner Olympiastadion am Anlauf der Weitsprunggrube. Vor ihm hatte bereits sein deutscher Teamkollege, der einfach unterschenkelamputierte Markus Rehm, einen überragenden Weltrekord mit 7,39 Meter aufgestellt und damit 1090 Punkte erreicht. Die Menge bebte, das Rauschen im Stadion war ohrenbetäubend. Alle schauten auf Wojtek Czyz.

Doch schon bei seinem Anlauf war klar, dass er Rehms Punktzahl niemals würde schlagen können - weil die e-Funktion nicht richtig auf seine Behinderung abgestimmt ist. „Czyz hätte auch 15

Meter springen können und er hätte nur Silber", sagt Karl Quade, Chef de Mission der deutschen paralympischen Mannschaft. Auch seiner Meinung nach muss an dem Klassifizierungssystem noch einiges verändert werden.

Auch bei den Sprints zeigt sich, dass Chancengleichheit im paralympischen Sport schwer herzustellen ist. Über die Sprintstrecken laufen zum Beispiel in der Klasse der Unterschenkelamputierten einseitig Amputierte gegen beidseitig Amputierte. Über 100 Meter sind die einseitig Amputierten im Vorteil. Über 200 und 400 Meter gingen in London alle Medaillen an beidseitig Amputierte. Das hängt damit zusammen, dass die einseitig amputierten Athleten vom Start weg besser beschleunigen können als die beidseitig Amputierten mit ihren beiden trägen Karbonfüßen. Die doppelt amputierten Sportler werden dagegen wegen ihrer biomechanischen Vorteile nach der Startphase immer schneller. So können sie den Nachteil des Starts auf langen Strecken wieder aufholen. Das bedeutet: Beidseitig amputierte Sportler haben in der derzeitigen Klassen-verteilung kaum Chancen auf die Goldmedaille im 100-Meter-Lauf, einseitig Amputierte können über

200 und 400 Meter nicht auf die besten Plätze kommen.

Das Klassifizierungsthema ist nach wie vor eine der umstrittensten Angelegenheiten der Paralympics. Nicht umsonst wurden in London ganze Pressekonferenzen zu diesem Thema abgehalten. Ob es irgendwann möglich sein wird, volle Chancengleichheit herzustellen bei den Einstufungen in die einzelnen Startklassen, ist ungewiss. Eins steht jedoch fest: Je mehr das öffentliche Interesse an den Paralympics steigt, desto schneller werden Lösungen für die korrekte Klassifizierung gebraucht.

Betrug im Behindertensport

Von Laura Hergeth

Rund 4450 Athleten aus mehr als 160 Ländern nahmen an den vierzehnten Sommer-Paralympics in London teil, die Fernsehübertragungen sollten mindestens vier Milliarden Menschen erreichen. Das Internationale Paralympische Komitee (IPC) und der Deutsche Behindertensportverband (DBS) werten diese Spiele als einen Meilenstein, denn ihr Leistungssport werde endlich ernst genommen. Doch zum Leistungssport gehören nicht nur Medaillen und Öffentlichkeit, auch die Regeln gehören dazu - und wo es Regeln gibt, gibt es Regelverstöße von Leuten, die sich im Wettbewerb unlautere Vorteile verschaffen wollen.

Der Behindertensport birgt viele Aspekte des Betrugs. Doping ist ein Problemfeld des olympischen Sports, und natürlich auch eines des paralympischen Sports. Zum ersten Mal gab es 1984 Dopingkontrollen bei den Paralympics. Bei den vergangenen drei Sommer-Paralympics sind 21 Athleten des Dopings überführt worden, davon 18 im Gewichtheben. Sie hatten meist anabole

Steroide benutzt für einen schnellen Kraftzuwachs. 1250 Kontrollen hat das IPC vor den Spielen in London angekündigt, so viele wie bei keinen Spielen zuvor. Im Schnitt wurde also in etwa jeder vierte Athlet einmal kontrolliert. Bei den Olympischen Spielen war die Quote mit 5000 Kontrollen für 11000 Athleten fast doppelt so hoch. Das zeigt zwar einerseits, dass das Kontrollsystem im paralympischen Sport gewachsen ist, dass es allerdings noch mehr Lücken lässt als das Kontrollsystem im olympischen Sport.

Aber der paralympische Leistungssport bietet noch andere Ansatzmöglichkeiten, Leistungen auf unerlaubte Weise zu verbessern – er bietet sogar mehr als der olympische Leistungssport. Es gibt vor allem zwei Betrugsmöglichkeiten im paralympischen Sport, die es in der olympischen Welt nicht gibt: das sogenannte Boosting und den Klassifikationsbetrug.

Das Phänomen, das im Sportlervolksmund als Boosting bekannt ist, bezeichnet die Methode querschnittsgelähmter Sportler, sich selbst Verletzungen zuzufügen, um Blutdruck und Puls zu erhöhen und dadurch den Sauerstofftransport im Körper für stärkere Ausdauerleistungen zu verbessern. Blutdruck und Puls steigen bei körperlicher Anstrengung zwar normalerweise automatisch, nicht aber bei schweren Schädigungen des Rückenmarks. Bei einer Umfrage in Peking gaben vor vier Jahren 17 Prozent der Befragten an, schon einmal geboostet zu haben, indem sie zum Beispiel Katheter an die Blase setzten oder die Zehen mit Elektroschocks oder Hämmern malträtierten. Der Effekt des Boostings ist im ersten Moment zwar positiv, doch die Gefahr von Herzinfarkten und Schlaganfällen erhöht sich dadurch enorm. Zwar ist Boosting seit 1994 verboten, doch eine Überprüfung von auffälligen Sportlern ist schwierig. Athleten mit auffälligen Symptomen werden getestet und bei zu hohem Blutdruck zum entsprechenden Bewerb nicht zugelassen. Weitere Sanktionen gibt es nicht. Das Phänomen ist also nicht neu, doch mit der zunehmenden Professionalisierung der Paralympics sinkt grundsätzlich die Hemmschwelle der Athleten zu betrügen.

Ganz ohne Schummeleien geht es auch im Behindertensport nicht, trotz der Werte, die hier eine noch größere Bedeutung haben als bei Olympischen Spielen. Ein großes Problem ist dabei der Klassifizierungsbetrug: Sportler geben vor, schwerer behindert zu sein, als sie sind, um Sportklassen mit leichteren Gegnern zugeordnet zu werden. Nach den Spielen in Peking erregte die angebliche Wunderheilung der niederländischen Handbike-Silbermedaillengewinnerin Monique van der Vorst weltweite Aufmerksamkeit. Nachdem sie plötzlich gehend gesichtet worden war, musste sie zwei Jahre nach ihren Erfolgen einräumen, nie gehbehindert gewesen zu sein. Einen ähnlichen Fall gab es 2000, als bekannt wurde, dass das spanische Basketballteam seinen Sieg beinahe ausschließlich mit Sportlern errungen hatte, die angaben, geistig behindert zu sein, jedoch keine Behinderung aufwiesen. Nach diesem Vorfall wurden geistig behinderte Athleten von den Paralympischen Spielen ausgeschlossen. In London kehrten sie nach jahrelangen Diskussionen um die Klassifizierungskriterien im Schwimmen, in der Leichtathletik und im Tischtennis zurück.

Ein anderes Problem, das derzeit für Ärger unter den Sportlern sorgt, sind die Zusammenlegungen verschiedener Klassen. Um die Wettkämpfe für die Zuschauer attraktiver und übersichtlicher zu gestalten, gibt es seit einiger Zeit diese Tendenz.

Doch was die Paralympics für die Zuschauer leichter vermittelbar macht, ist für die Athleten oftmals karrierebedrohend. Ein Beispiel hierfür liefert Thomas Geierspichler, der Paralympicssieger im Marathon von 2008. Seit einem Unfall 1994 ist Geierspichler querschnittsgelähmt und der Klasse der Tetraplegiker zugeordnet (Athleten, die an Armen und Beinen teilweise gelähmt sind). Seinen Erfolg wird er nicht mehr wiederholen können, denn für London wurden die Langstrecken in seiner Klasse gestrichen. Sie kommen nun nur noch bei leichter Behinderten zur Austragung. Dass Wettbewerbe für schwerer Behinderte gestrichen oder mit jenen für leichter Behinderte zusammengelegt werden, ist problematisch, denn damit nimmt man den Schwerbehinderten eine Perspektive. Geierspichler fürchtet, dass in den Rehazentren die Förderung eingestellt wird und irgendwann nur noch Leichtbehinderte bei den Paralympics antreten.

Die Paralympics haben ein Problem, das an den grundlegenden Aspekten des Sports rüttelt: Es geht um gleiche Voraussetzungen für die Sportler und um Gerechtigkeit. Der paralympische Sport hat es besonders schwer, seinen Athleten

Chancengleichheit zu gewähren, weil zu viele Sportler mit zu vielen verschiedenen Handicaps an Wettkämpfen teilnehmen wollen.

Eindrücke aus London

Von Maximilian Riedel

Neben den Höchstleistungen der Sportler gab es bei den Paralympics 2012 noch andere Faszinationen zu bestaunen. Zum Beispiel London selbst. Die Hauptstadt Großbritanniens, ohnehin sehr sehenswert, wurde für die Olympischen und Paralympischen Spiele noch einmal um einige Attraktionen bereichert. Auf einem verseuchten Abladeplatz für alte Elektrogeräte entstand in Stratford, im ärmlichen Osten der Stadt, der Olympiapark mit Athletendorf, Stadien und Einkaufszentrum. Öffentliche Plätze waren herausgeputzt, in vielen Geschäften gab es Sonderangebote für die Besucher der Spiele.

Jedoch muss man hinzufügen, dass außerhalb des Zentrums kaum etwas von der Pracht zu sehen war. Das Einzige, was sich zu dieser Zeit in ganz London und Umgebung immer bemerkbar machte, waren überfüllte Straßen. Gut, dass das öffentliche Transportsystem prima funktionierte. Überall standen Helfer, die nach kürzester Zeit ratlosen Touristen halfen und den richtigen Weg wiesen.

Überhaupt war die Beschilderung zu den Stadien ausgezeichnet.

In London leben 8,2 Millionen Menschen. Mit ihnen alleine ist die Stadt schon voll. Während der Paralympics sah man sehr viele Touristen. Für eine internationale Stadt wie London sind Touristen nichts Besonderes. Die Paralympics-Touristen waren es aber schon, denn es waren oft Menschen mit Behinderung, manche davon Sportler, andere einfach Besucher, die bei diesem Ereignis dabei sein wollten. So ein großer Andrang von Menschen mit Behinderung stellte auch eine Stadt wie London vor ganz neue Probleme. Kaufhäuser, Museen, Restaurants, Toiletten, Hotels - viele diese Einrichtungen waren behindertengerecht umge-baut worden, damit sich alle Besucher in der Stadt bewegen konnten.

In ganz London herrschte zu dieser Zeit eine fröhliche Stimmung, die sich besonders im Herzen von London, am Trafalgar Square, zeigte. Dort war eine riesige Leinwand aufgebaut worden, damit selbst die Leute, die keine Karten mehr bekommen hatten oder sich das Geld dafür sparen wollten, die Spiele live verfolgen konnten. Dieses Angebot der Stadt wurde auch mit großer Begeisterung angenommen. Die Leute versammelten sich dort, um bei einem gemütlichen Picknick und unter vielen fröhlichen Leuten den Tag zu verbringen und hin und wieder aus voller Kehle „God Save the Queen" mitzusingen. Bei der Eröffnungsfeier haben einige Tausend Public Viewer mitgefeiert.

Trotz der vielen Teilnehmer am Public Viewing in London war der Andrang von Besuchern zu den Stadien während der Paralympics groß. Die ExCeL-Arenen sowie der Olympiapark mit seinen Stadien waren meistens ausverkauft. Das war für die Paralympics in diesem Maße ungewöhnlich, weil die öffentliche Aufmerksamkeit vorher noch stärker auf die Olympischen Spiele gerichtet war. Hier haben die Paralympics 2012 in London neue Maßstäbe gesetzt.

Auffallend war auch die Begeisterungsfähigkeit der Zuschauer. Diese gingen bei den Wettkämpfen enthusiastisch mit und feuerten ihre Athleten lautstark an, meist unabhängig von der Nationalität, der sie angehörten. Jeder Athlet wurde als ein Held gefeiert. Der deutsche Leichtathlet und 100-Meter-Paralympics-Sieger Heinrich Popow hat ziemlich anschaulich beschrieben, wie ihn die Stimmung im

Olympiastadion beim 200-Meter-Lauf antrieb. „120 Meter ist der Zeitpunkt, an dem ich immer sterbe", sagte Heinrich Popow, „dann kam der Brite, die Stimmung wurde immer lauter und lauter - und dabei hab ich ganz vergessen zu sterben."

Bilder aus London

ArcelorMittal Orbit (links) und das Olympiastadion
im Olympiapark bei einem für London typischen
Wetter

Werkstatt von Otto Bock

Werbecampagne von McDonalds in der Londoner Metro

Pressekonferenz im Deutschen Haus mit Dr. Karl
Quade (rechts) und den Radsportlern Hans Peter
Durst (Mitte) und Michael Teuber (links)

Thomas Hahn (links) im Gespräch mit Heinrich
Popow (rechts)

Blindenfußball

Aufwärmen der Rollstuhlbasketballer

Ehrung der Rollstuhlbasketballerinnen im
Deutschen Haus

Goldmedaillengewinner im Diskuswurf Sebastian
Dietz (rechts) und im Tischtennis Holger Nikelis
(links)

Die paralympischen Sportarten

Boccia

von Martin Lamby

Boccia gehört zu den unterschätzten Sportarten der paralympischen Spiele, weil das Spiel nicht die Dynamik anderer Spielsportarten oder des Sprints aufweist. Boccia? Ist das nicht so ein Spiel, das man an schönen Tagen im Schatten der Bäume Frankreichs spielt - Kinder gegen Erwachsene, und der Verlierer muss das Geschirr spülen? Kann so etwas ein ernsthafter Sport sein? Kann es. Das Boccia-Feld ist bei den Paralympics die Bühne für die Schwerstbehinderten. Das Spiel verlangt von ihnen höchste Konzentration und strategisches Geschick. Und vor allem für spastisch gelähmte Sportler, die kaum Kontrolle über ihre Bewegungen haben, ist es eine echte Kraftanstrengung.

Das Boccia-Turnier der Londoner Spiele fand in einer Halle des Londoner Messezentrums ExCeL statt. Bei Boccia unterscheidet man zwischen vier Klassen: In der Klasse BC1 dürfen die Sportler einen Assistenten haben, der ihnen bei verschiedenen Aktionen hilft, der ihnen zum Beispiel die Kugeln reicht. In der Klasse BC2 brauchen die Athleten keine unterstützende Hilfe. In der Klasse BC3 sind die Sportler so schwer behindert, dass sie die Kugel nicht mehr selbst werfen, sondern über eine Rampe ins Spiel bringen. Höhe, Richtung und Neigung der Rampe justiert der Assistent, der mit dem Rücken zum Spielfeld sitzen muss, nach den Anweisungen des Sportlers. In der Klasse BC4 benutzen die Athleten dünne Metall-Arme, die sie am Kopf tragen, um die Kugel von der Rampe zu stoßen.

Es gibt Einzel- und Team-Turniere. Ziel des Spiels ist es, die eigenen Kugeln näher an die Zielkugel, das sogenannte Pallino, zu werfen als der Gegner die seinen. Für jede Kugel des Gewinnerteams, welche näher als die nächste Kugel des gegnerischen Teams an der weißen Kugel ist, erhält die Mannschaft einen Punkt. Das Feld ist 12,5 Meter lang und 6 Meter breit. Jeder Spieler muss sich in einem umrandeten Feld mit den Maßen 2,5 Meter mal 1 Meter befinden.

Die Sportart Boccia wurde bei den Paralympischen Spielen 1984 in Stoke Mandeville, New York, eingeführt.

Bogenschießen

Von Lukas Hein

Beim paralympischen Bogenschießen gibt es kaum Unterschiede zum olympischen Bogenschießen. Ziel ist es, auf einer 70 Meter entfernten Zielscheibe, die einen Durchmesser von 1,22 Meter hat, einen goldenen Ring mit einem Durchmesser von 12,2 Zentimeter zu treffen. Dieser Treffer gibt zehn Punkte. Nach außen gibt es eine Abstufung in Einer-Schritten. Bei den Paralympischen Spielen, bei denen Bogenschießen von Anfang an vertreten ist, gibt es drei verschiedene Arten von Wettkämpfen, die Männer und Frauen stets getrennt austragen. Es gibt einen Einzel- und einen Teamwettbewerb mit dem Recurve-Bogen (Wurfarmenden werden unter Spannung zurückgebogen, ausgestattet mit Schiebevisier und Stabilisatoren) und einen Einzelwettkampf mit dem Compound-Bogen (Sehne läuft über Rollen, was zu einer Gewichtsreduzierung führt, ausgestattet mit Schiebevisier, Sehnenlochvisier, Wasserwaage, Auslösehilfe und Stabilisatoren). In diesem Sport gibt es drei Klassifizierungen: Standing (keine Armbehinderung, Einschränkungen in den Beinen), W1 (Rollstuhlnutzer mit zusätzlicher Einschränkung der Arme und Beine), W2 (Rollstuhlnutzer). Am Anfang nehmen alle Teilnehmer an einer Ranking-Runde teil, bei der jeder Sportler 72 Pfeile abschießt. Die Punkte der Rangliste sind die Grundlage für die weiteren Runden der Einzel und Teamwettbewerbe. Bei diesen sind je nach Anzahl der Teilnehmer die Besten direkt für die nächste Runde qualifiziert. In einem Head-to-Head System versuchen sich alle Sportler für das Finale zu qualifizieren. Im Einzel schießt jeder Schütze fünf Mal drei Pfeile ab. Immer nach drei Pfeilen wird geschaut, wer näher am Zentrum ist. Der Gewinner bekommt dann zwei Punkte in der Gesamtwertung. Bei Unentschieden bekommt jeder einen. Wer zuerst sechs Punkte in er Gesamtwertung hat, hat gewonnen. Bei Gleichstand nach fünf Durchgängen entscheidet ein weiterer Pfeil darüber, wer weiter kommt. Falls beide im gleichen Feld sind, gewinnt der, der näher an der Mitte ist. Im Teamwettbewerb treten ebenfalls im Head-to-Head-System jeweils drei Athleten gegeneinander an. Jeder schießt vier Mal zwei Pfeile ab. Das Team mit der höchsten Gesamtpunktzahl nach 24 Schüssen gewinnt. Bei Gleichstand schießt jedes Teammitglied einen Pfeil. Ist dann immer noch Gleichstand, gewinnt die Mannschaft, deren Pfeil am zentralsten ist. Bei den Paralympics in London gab es insgesamt neun Entscheidungen. Erfolgreichste Nation war Russland mit zwei Gold-, einer Silber- und zwei Bronzemedaillen, gefolgt von Südkorea (1/2/0) und China (1/1/2). Deutsche Teilnehmer kamen bei den Männern nicht über das Achtelfinale hinaus (Maik Szarszewski, Matthias Alpers). Bei den Frauen scheiterten sie schon in der Runde der letzten 32 (Maria Droste, Katharina Schett).

Fußball

Von Tom Deifuß

Im paralympischen Sport gibt es zwei verschiedene Fußball-Disziplinen: Fußball für Sehbehinderte und Fußball für körperlich

Behinderte. Beim Fußball für Sehbehinderten stehen sich zwei Fünfer-Teams gegenüber (five a side). Die Feldspieler sind alle unterschiedlich sehbehindert. Zum Zweck der Chancengleichheit starten sie alle mit einer Augenbinde. Der Torwart darf Sehfähigkeit besitzen und trägt keine Augenbinde. Zusätzlich zum Trainer besitzt jedes Team einen Mitspieler, den sogenannten ‚Guide‘, der hinter dem gegnerischen Tor steht und den Spielern durch Zurufen Orientierung gibt. In den Ball sind Rasseln eingenäht, so dass die Spieler ihn hören können. Das Spielfeld ist rechteckig und von einer Bande umrandet, die eine glatte Vorderfront besitzt, um gegen diese zu spielen und sich an ihr entlang tasten zu können. Es gibt keinen Einwurf und kein Abseits. Im Falle eines Strafstoßes schlägt der Torwart mit einem Stock gegen den linken und den rechten Pfosten um den Schützen Orientierungshilfe zu leisten. Die Spielzeit beträgt 50 Minuten, im Gegensatz zu den 90 Minuten Spielzeit der Fußballer ohne Behinderung.

Die Spitzenspieler haben sich in jahrelangem Training ein solches Gefühl für den Ball angeeignet, dass sie den Ball über längere Distanzen führen können und im richtigen Moment den

Torabschluss suchen. Das Spiel zeigt, wie stark ausgeprägt die räumliche Wahrnehmung der Sehbehinderten ist. Blindenfußball wird meistens in der Halle gespielt, wegen der besseren Bedingungen dort (Ruhe, feste Banden). Bei den Paralympics wird im Freien gespielt.

Beim Fußball der körperlich Behinderten treten Siebener-Teams (seven a side) gegeneinander an. Fußball "7-a-side" genießt im Behindertensport eine große Popularität und ist seit 1984 paralympisch. Startberechtigt sind Athleten mit Gehschwierigkeiten und Lähmungen, die von einer Störung des Gehirns ausgehen. Sie gehören zu den Sportklassen C5 bis C8. Anders als bei den meisten Teamsportarten gelten hier nicht die üblichen Punkte-Klassifizierungen. Athleten, deren Behinderung als schwerwiegend eingestuft wird, fallen in die Klassen C5 und C6, während C8 nur auf eine vergleichsweiße minimale Behinderung hinweist. Jedes Team ist verpflichtet, mit einem C5- oder C6-Athleten zu spielen oder auf einen Feldspieler zu verzichten. Außerdem dürfen maximal drei C8-Spieler gleichzeitig auf dem Feld stehen. Diese Richtlinie ist sinnvoll, weil die Unterschiede der Behinderungen deutlich sind.

Beim „7-a-side" gibt es ebenfalls keine Abseitsregel. Bei Einwürfen wird der Ball mit nur einer Hand auf das Spielfeld zurückgebracht. Der Rückpass zum Torwart ist gestattet, jedoch nur außerhalb des Strafraums. Die Spieldauer beträgt 60 Minuten.

Gewichtheben

Von Maximilian Riedel

Das paralympische und das olympische Gewichtheben sind kaum zu vergleichen. Der Grundgedanke ist zwar bei beiden Versionen der gleiche: Der Stärkste gewinnt. Aber schon auf den ersten Blick kann man die Unterschiede sehen. Die Sportler beim paralympischen Gewichtheben sind auf den Rollstuhl angewiesen und können die Langhantel deshalb nicht im Stehen zur Hochstrecke bringen wie die Athleten des olympischen Gewichthebens. Der Wettkampf findet im Liegen statt, im Grunde handelt es sich beim paralympischen Gewichtheben um das sogenannte Bankdrücken. Diese Methode des Gewichthebens findet man häufig in Fitnessstudios.

Dabei legt man sich auf eine Liege und versucht, das Gewicht nach oben zu stemmen. Da die Gewichtsverteilung bei den Sportlern durch das fehlende Gewicht an den Beinen ungleich verteilt ist, werden manche von ihnen an der Liege festgegurtet, damit sie nicht von der Bank fallen können, wenn das Gewicht der Hantel auf den Oberkörper drückt.

Besonders wichtig ist beim Gewichtheben die technisch saubere Ausführung. Selbst wenn der Gewichtheber die Stange in die dafür vorgesehene Halterung emporstemmen kann, hat er es noch lange nicht geschafft. Es gibt eine Jury aus drei Richtern, die nach jedem Versuch entscheidet, ob dieser gültig oder ungültig gewertet wird. Erst wenn mindestens zwei für einen gültigen Versuch gestimmt haben, wird dieser auch so gewertet.

Goalball

Von Felix Borchert

Goalball ist ein Spiel, das eigens für Blinde und Sehbehinderte erfunden wurde. Zwei Dreier-Mannschaften stehen sich gegenüber und werfen abwechselnd einen Klingelball auf das gegnerische

Tor. Die jeweils andere Mannschaft versucht, den Wurf abzuwehren, indem sie das Tor so gut wie möglich abdeckt. Wer mehr Treffer erzielt, gewinnt. Um die optische Einschränkung für alle Spieler gleich zu halten, tragen die Sportler lichtundurchlässige Brillen. Damit die Spieler den Ball gut hören können, ist es wichtig, dass sich die Zuschauer während der Partie so ruhig wie möglich verhalten.

Das Spielfeld misst neun Mal 18 Meter und besitzt im Gegensatz zum goalball-verwandten Torball keine Klingel-Leinen unter denen der Ball hindurch gerollt werden muss, sondern eine sogenannte Highball-Line, vor der der Ball aufkommen muss. Das Tor ist genauso breit wie das Spielfeld. Der Klingelball wiegt 1250 Gramm, ist also sehr schwer. Das Spiel dauert zwei Mal zwölf Minuten und wird von zwei Schiedsrichtern geleitet. Diese Schiedsrichter geben den Ball für eine Mannschaft mit der Anweisung „Play" frei. Die Schiedsrichter vergeben ebenso die Strafstöße (Penalties) für gewisse Vergehen. Hierbei muss einer der drei Mitspieler das Tor verteidigen, vergleichbar mit einem Elfmeter beim Fußball. Jede Mannschaft darf den Ball maximal 10 Sekunden ab der ersten

Berührung unter Kontrolle halten, bis ein Wurf erfolgen muss. Jeder Spieler darf jedoch nur zwei Mal nacheinander den Ball werfen, danach muss er zum Mitspieler abgeben. Desweiteren muss der Ball nach jedem Wurf einmal die sogenannte neutrale Zone direkt vor dem Tor berühren.

Goalball wurde von einem Österreicher und einem Deutschen entwickelt und erstmals 1946 gespielt. Es wurde als Sportart für Kriegsinvaliden entwickelt. 1976 wurde Goalball bei den Paralympics in Toronto in das paralympische Programm aufgenommen, wo es zunächst nur von Männern gespielt wurde. 1984 kamen Wettbewerbe für die Frauen hinzu. Goalball ist im Gegensatz zu Torball paralympisch, weil es auf der Welt bekannter ist. Goalballweltmeisterschaften finden wie im Fußball alle vier Jahre statt und wurden erstmals 1978 in Österreich ausgetragen.

In London haben sich bei den Frauen die Japanerinnen mit einem knappen Sieg (1:0) die Goldmedaille gegen die Chinesinnen gesichert. Bronze holte Schweden gegen den Nachbarn Finnland im kleinen Finale. Bei den Männern gewannen die Finnen im Goldmatch 8:1 gegen den Paralympics-Gastgeber 2016 Brasilien. Bronze ging an die Türkei. Deutschland war in beiden Wettbewerben nicht vertreten.

Judo

Von Lukas Martini

Judo ist für Männer seit Seoul 1988 und für Frauen seit Athen 2004 eine paralympische Sportart. Und: Judo ist bei den Paralympics Sehbehinderten-Sport. Bei den Spielen in London holten gleich am ersten Tag die Zwillingschwestern Carmen und Ramona Brussig in den Judo-Gewichtsklassen bis 48 Kilo und bis 52 Kilo jeweils Gold für Deutschland.

Es gibt drei Kategorien von Sehbehinderung: B1 beinhaltet alle Teilnehmer die tatsächlich blind sind, in den Klassen B2 und B3 besitzen die Sportler jeweils einen Sehrest, die B3-Sportler mehr als die B2-Sportler. Es gibt unterschiedliche Sehbehinderungen, die das Sehfeld auf unterschiedliche Art und Weise einschränken. Die B1-Athleten tragen einen roten aufgenähten Kreis auf dem Ärmel. Im Gegensatz dazu bekommen Sehbehinderte, die zusätzlich noch taub sind, eine blaue Kennzeichnung. Mithilfe dieser Markierungen können die Sportler alle mit unterschiedlichem Behinderungsgrad gegeneinander antreten, weil die Schiedsrichter die Beeinträchtigung bei der Bewertung der Techniken berücksichtigen und anpassen.

Die Kämpfe finden auf einem Feld von zehn Mal zehn Metern statt, das mit Matten ausgelegt ist. Der Wettkampf an sich unterscheidet sich ein bisschen vom olympischen Judo. Zu Beginn müssen die beiden Kontrahenten Körperkontakt aufnehmen, um sich orientieren zu können. Judo ist ein komplizierter Sport, es gibt eine Vielzahl von Techniken, die mit unterschiedlichen Wertungen (Yuko, Waza-ari, Ippon) belohnt werden. Die höchste Wertung ist der Ippon. Wenn man einen „Ippon" erreicht, hat man sofort gewonnen. Dies ist der Fall, wenn man den Kontrahenten auf den Rücken schmeißt, bei einem Fesselgriff der andere aufgibt oder sobald der Gegner 25 Sekunden ohne Aufzustehen auf den Boden gedrückt wird. Entscheidungen werden von den Unparteiischen nicht nur mit Worten, sondern bei tauben Sportlern auch mit Berührungen übermittelt. Unter anderem zählt als Regelwidrigkeit, wenn ein Kämpfer die Kampfzone verlässt, wenn er in der

Abwehrhaltung verharrt, tritt, schlägt oder den Gegner in irgendeiner Art und Weise absichtlich verletzt. Die Strafen reichen von Punktzuspruch für den Gegner bis zur Disqualifikation.

Leichtathletik

Von Lukas Schneider

Als Sprint bezeichnet man das Zurücklegen einer Strecke in möglichst kurzer Zeit. Es ist die Disziplin, in der die höchsten Geschwindigkeiten erzielt werden, die der menschliche Organismus erlaubt, und deshalb besonders spektakulär. In der paralympischen Leichtatletik ist das nicht anders: Gestartet wird hier über Distanzen von 100, 200 und 400 Metern. Jeweils vertreten sind die Sportler aus den Klassen T11 bis T13 (Athleten mit einer Sehbehinderung), T20 (Athleten mit einer geistigen Behinderung), T31 bis T38 (Athleten mit Koordinationsschwächen und Gehirnlähmungen – T31 bis T34 benutzt einen Rollstuhl zur Teilnahme), T40 bis T46 (Athleten mit amputierten Körperteilen) und T51 bis T54 (Im Rollstuhl sitzende Athleten). Es gibt auch Staffel-Wettkämpfe.

Während den Paralympischen Spielen kam es in London zu einer großen Überraschung. Oscar Pistorius, der Star und das Aushängeschild der paralympischen Bewegung, verlor im 200-Meter-Finale knapp gegen den Brasilianer Alan Oliveira. Pistorius, der wenige Wochen zuvor als erster Behindertensportler an den olympischen Spielen teilgenommen hatte, beschwerte sich nach dem Rennen über unfaire Wettkampfvoraussetzungen, dass Oliveiras lange Prothesen diesem einen Materialvorteil verschafft hätten. Nach den Regeln des Internationalen Paralympischen Komitees (IPC) waren Oliveiras Prothesen aber nicht zu beanstanden, und die folgende Debatte darüber zeigte, wie schwierig es sein kann, Leistungen in der paralympischen Leichtathletik zu vergleichen. Anders als die olympische Leichtathletik ist die paralympische Leichtathletik auch ein Material-sport, und das IPC lässt noch einige Lücken im Reglement für die Sportler, um sich mit neuen Karbon-Füßen und Aluminium-Knien einen technischen Vorteil zu verschaffen.

Einen störte das Regelwerk des IPC im 100m-Finale der Klasse T42 nicht: Der einseitig oberschenkelamputierte Heinrich Popow gewann in diesem Rennen die Goldmedaille. Der Leverkusener Popow zählt zu den besten amputierten Sprintern der Welt. Allerdings gab es auch vor diesem Rennen den Vorwurf des Techno-Dopings gegen Popow: Der deutsche Teamkollege Wojtek Czyz warf ihm vor dem 100-Meter-Finale vor, ein Kniegelenk zu verwenden, welches andere Sportler trotz Anfrage an den Ausrüster nicht bekommen hätten. Viele Sportler sind mit Teilen des Regelwerks des Weltverbandes IPC unzufrieden. Dieses Thema spielte bei den sonst so friedlichen Paralympics eine große Rolle und bot viel Konfliktstoff.

Popow, der über 100 Meter die Goldmedaille und über 200 Meter die Bronzemedaille holte, äußerte schon vor den Spielen seinen Ärger über die neue Klassifizierung im Weitsprung: Wegen der geringen Teilnehmerzahl in den einzelnen Klassen wurden Ober- und Unterschenkelamputierte in einer Wettkampfklasse zusammengeführt; Popow konzentrierte sich somit auf den Sprint, da er im Weitsprung keine Medaillenchancen mehr sah.

Diese Chance im Weitsprung nutzte ein anderer Deutscher: Der Orthopädiemechaniker Markus Rehm stellte im Finale mit seinem dritten Versuch einen neuen Weltrekord von 7,35 Meter in der Klasse F44 auf. Die Lebensgeschichte des Medaillengewinners zeigt seine Willenskraft und sein Durchsetzungsvermögen: Mit 14 verlor Rehm bei einem Wakeboard-Unfall den Unterschenkel seines rechten Beins. Schon nach wenigen Wochen lief er wieder auf einer Prothese und fühlte sich kaum benachteiligt. Er stieg wieder aufs Wakeboard und wurde 2005 Zweiter der deutschen Juniorenmeisterschaften. Durch seine persönliche Geschichte beschäftigte er sich viel mit Prothesen und entwickelte ein großes Interesse für Orthopädiemechanik. Er machte eine Ausbildung auf diesem Gebiet und bestand 2009 die Gesellenprüfung. Sein Gold in London gewann er mit einer selbst gebauten Prothese.

Radsport

Von Martin Lamby

Das Velodrom im Londoner Olympiapark ist ein besonders stimmungsvoller Ort gewesen bei den Paralympics 2012. Unter dem Dach der Radsporthalle wurde es besonders laut, wenn die britischen Radsportler um Medaillen fuhren, und die Zuschauer staunten nicht nur über die Leistungen, sondern auch über die Fahrräder, deren Technik die Athleten an ihre jeweilige Behinderung angepasst hatten.

Man unterscheidet zwischen Bahnradfahren und Straßenradfahren. Beim Bahnradfahren werden die Athleten in zwei Klassen unterteilt. Die Klassen B und C. In der Klasse B fahren hauptsächlich blinde Fahrer, die ansonsten keine weiteren Einschränkungen aufweisen. Um den blinden Athleten ihre Sportart zu ermöglichen, treten sie jeweils in Zweierteams an, bestehend aus dem blinden Fahrer und einem komplett nichtbehinderten, somit sehenden Fahrer. Die beiden Athleten benutzen ein speziell angefertigtes Tandembahnrad. Hierbei sitzt der blinde Sportler hinter dem führenden, nichtbehinderten Fahrer.

Sportler, die Amputationen, Lähmungen oder ähnliches aufweisen, treten in der Klasse C an. Jedem Teilnehmer wird eine zuvor speziell ermittelte spezifische Nummer zugewiesen, die angibt, inwieweit die jeweilige Behinderung die Möglichkeit des Radfahrens einschränkt. Hierbei stellt die Zahl eins eine hohe und fünf eine geringere Einschränkung dar. Somit ergeben sich viele verschiedene Untergruppen. Beim Bahnradfahren unterscheidet man zwischen vier Disziplinen: Sprint, Teamsprint, Verfolgung und Zeitfahren. Sprint ist der Kampf Fahrer gegen Fahrer auf der Rundbahn. Beim Teamsprint treten Teams gegeneinander an, deren Mitglieder durch geschicktes Rotieren und Windschattenspenden die Kräfte der einzelnen Fahrer so effektiv wie möglich zu nutzen versuchen. Bei der Verfolgung starten zwei Fahrer auf der jeweils gegenüberliegenden Seite und versuchen, den Anderen einzuholen. Falls dies nicht gelingt, gewinnt der Fahrer, welcher die vorher bestimmte Strecke in der schnellsten Zeit überbrückt. Männer fahren vier Kilometer, Frauen drei Kilometer. Beim Zeitfahren ist der Athlet allein auf der Bahn und versucht, eine Strecke von einem Kilometer (Männer) oder von 500 Metern (Frauen) in der schnellstmöglichen Zeit zurückzulegen.

Die Bahn im Velodrom ist an der flachsten Stelle 12 Grad und an der steilsten 42 Grad geneigt. Die Bahn erstreckt sich über eine Länge von 250 Metern.

Bahnradfahren wurde 1996 bei den Paralympischen Spielen in Atlanta eingeführt.

Im Gegensatz zum Bahnradfahren zielt das Straßenradfahren mehr auf Ausdauer als auf kraftvolle Sprints. Die Sportler werden in vier Klassen unterteilt: die Klassen B, C, H und T. In der Klasse B befinden sich, wie schon beim Bahnradfahren, alle blinden Sportler. In der Klasse C befinden sich, wie auch beim Bahnradfahren, alle Sportler die Amputationen, Lähmungen oder ähnliches aufweisen. Die Klasse H beinhaltet alle Sportler, deren Behinderung sich auf die Beine bezieht und die demzufolge auf Fahrrädern antreten, deren Frontmechanik von Hand betrieben wird. Die Klasse T beinhaltet alle Sportler, die nicht fähig sind, ihre Balance auf einem herkömmlichen Fahrrad auf zwei Rädern zu halten, und deshalb mit Stützrädern bzw. einem Dreirad fahren. Wie auch schon beim Bahnradfahren werden allen Sportlern, mit Ausnahme der Klasse B, Zahlen zugewiesen, die angeben, inwieweit die jeweilige Behinderung die Möglichkeit des Radfahrens einschränkt. Daraus ergibt sich eine hohe Anzahl an unterschiedlichen Gruppen, die demnach das Zustandekommen der großen Anzahl von vergebenen Medaillen erklärt.

Das Straßenradfahren wurde bei den Paralympischen Spielen 1984 in Stoke Mandeville, New York, eingeführt. Blindensportler, die auf einem Tandem mit einem nicht behinderten, führenden Fahrer antreten, waren die ersten Radsportler bei den paralympischen Spielen.

Bei den Paralympics in London gewannen im Straßenradsport die USA und Deutschland gleichauf die meisten Medaillen vor Italien. Auf der Bahn führte Großbritannien die Liste der Medaillen-Gewinner an, gefolgt von China und Australien. Deshalb war es im Velodrom auch so oft so laut.

Reiten

Von Maximilian Riedel

Der Reitsport bei den Paralympics beschränkt sich ausschließlich auf Dressurreiten, die olympischen Disziplinen Spring- und Vielseitigkeitsreiten gibt es hier nicht. Beim Dressurreiten führen die Reiter mit ihren Pferden bestimmte Lektionen verschiedener Schwierigkeitsgrade vor. Dabei muss das Pferd unter anderem die drei

Grundgangarten Schritt, Trab und Galopp in verschiedenen Ausführungen zeigen. Im normalen Reitsport werden dem Pferd die Befehle mit Hilfe der Beine des Reiters übermittelt. Da jedoch im Behindertensport nicht jeder über diese Möglichkeit verfügt, wird dem Pferd hier die Anweisung durch vorsichtigen Gebrauch einer Dressurpeitsche gegeben. Reiten ist Teamarbeit. Deshalb war es bestimmt eine gute Entscheidung, dass seit einigen Jahren die Reiter nicht mehr fremde Pferde zugelost bekommen, sondern ihre eigenen Tiere mitbringen können. Der Nachteil ist, dass Reiten damit zu den teuersten Sportarten für Behinderte zählt.

Rollstuhlbasketball

Von Tom Deifuß

Rollstuhlbasketball ist ein Beispiel dafür, wie sich eine olympische Sportart für den paralympischen Bedarf ganz neu erfindet und dabei ihre ganz eigene Ästhetik entwickelt. Rollstuhlbasketball funktioniert fast nach den gleichen Regeln wir Basketball: Die Feldgröße, Korbhöhe und Linienbegrenzungen sind identisch zu den allgemein geltenden Standards, die auch in der NBA oder der deutschen Basketballliga verwendet werden. Aber natürlich gibt es auch Unterschiede. Vor allem das Dribbeln, die Bewegung mit Ball, funktioniert ganz anders: Im Rollstuhlbasketball ist es einem Spieler erlaubt, zweimal seine Treibreifen so zu berühren, dass er seine Richtung ändert, bevor er einmal mit dem Ball dribbeln muss. Der Ball darf beliebig oft wieder aufgenommen werden solange er nach zweimaliger Berührung der Reifen wieder mindestens einmal mit dem Ball dribbelt. Die Regel des Doppel-Dribblings wie beim olympischen Basketball gibt es also hier nicht.

Beim Rollstuhlbasketball kommen Sportrollstühle zum Einsatz, mit denen schnelle Richtungswechsel und somit Dribblings möglich sind.

Ein weiterer grundlegender Unterschied zwischen Rollstuhlbasketball und Basketball ist die in vielen paralympischen Mannschaftssportarten verwendete Punkteregel. Sinn dieser Regel ist es, möglichst viele Spieler unterschiedlichen Behinderungsgrades in einer Mannschaft spielen zu lassen. Jeder Spieler bekommt eine Klassifizierung und dafür eine Punktzahl. Von wenig eingeschränkten Sportlern (4,5 Punkte) bis hin zu körperlich sehr stark eingeschränkten Spielern (1 Punkt). Die Punkte-Summe der fünf Spieler auf dem Feld darf das Limit von 14 Punkten nicht überschreiten.

Bei den Paralympics in London traten im Männer- und Frauen-Turnier jeweils acht Mannschaften an. Bei den Männern setzte sich Kanada im Finale gegen den Gewinner von 2008, Australien, durch. Bei den Frauen sicherten sich die Deutschen in einem packenden Endspiel über Australien die Goldmedaille.

Rollstuhlfechten

Von Lukas Martini

Unter der Sportart Rollstuhlfechten kann man sich leicht den Kampf zweier Sportler vorstellen, die in Rollstühlen sitzen, auf einem Spielfeld herumfahren und fechten. Dabei hat der Sport mit Rollstühlen eigentlich gar nichts zu schaffen. Denn die zwei Kontrahenten werden jeweils auf einem Stuhl angeschnallt, der am Boden befestigt ist. Sie sitzen seitlich nebeneinander und müssen zum Kämpfen den Oberkörper drehen. Die einzige Möglichkeit einem Schlag auszuweichen, besteht darin, den Körper nach hinten oder zur Seite zu bewegen. Deswegen darf auch der Athlet mit der kürzeren Armlänge entscheiden, ob die Entfernung zwischen ihnen die Länge des gegnerischen Arms oder des seinigen bestimmt. Um den Wettkampf noch fairer zu gestalten, werden die Sportler in zwei Kategorien eingeteilt: Kategorie A beinhaltet alle, die eine gute grundlegende Körperkontrolle haben und bei denen der Fechtarm nicht durch ihre Behinderung eingeschränkt ist. In Kategorie B sind Athleten, bei denen ihre Behinderung Einfluss auf ihre Körperkontrolle oder ihren Kampfarm hat. Wie beim olympischen Fechten gibt es drei verschiedene Waffentypen, Florett, Degen und Säbel. Bei Florett- und Degenfechten werden Punkte durch das Berühren des Gegners mit der Spitze verbucht, beim Säbelfechten hingegen wird eher mit der Kante gepunktet. Beim Florettfechten ist die Trefferfläche der Rumpf, beim Degen- und Säbelfechten der gesamte Oberkörper. Die Sportler tragen Schutzmasken, spezielle Jacken, Kniehosen sowie Handschuhe zur Sicherheit, und um die Treffer elektronisch festzustellen.

Dem Schiedsrichter und seinem Assistenten steht der Videobeweis bei unklaren Situationen zur

Verfügung. Als regelwidrige Handlung gilt, wenn der Degen beim Kampf den Boden berührt oder wenn ein Athlet seinen Fuß von der Fußstütze nimmt und sich damit einen Vorteil verschafft. Außerdem müssen beide Sportler während des ganzen Wettkampfes sitzen bleiben.

Beim Rollstuhlfechten braucht man kein besonderes Talent zum Rollstuhlfahren, dafür umso mehr Geschick und List, um den Gegner zu bezwingen.

Rollstuhltennis

Von Niklas Paskert

Die Herrscherin im Rollstuhltennis der Frauen ist eine Niederländerin: Esther Vergeer hat seit 2003 kein einziges Match verloren und steht seit 1999 auf Platz eins der Weltrangliste.

Rollstuhltennis wurde zum ersten Mal 1976 in den USA gespielt und wurde schnell zu einer relativ populären Behindertensportart. Heute gibt es Rollstuhltennisspieler in über 100 Nationen, verteilt über alle Kontinente. Vielleicht ist der Erfolg dieser Sportart so groß, weil er von dem Original kaum abweicht. Im Grunde gibt es außer dem Umstand, dass die Spieler im Rollstuhl sitzen, nur einen Unterschied: Der Ball darf zweimal in der gegnerischen Hälfte aufkommen, wobei der erste Ball Bodenkontakt im Spielfeld haben muss, der zweite Bodenkontakt auch außerhalb des Spielfelds sein darf.

Rollstuhltennis ist im Hinblick auf die Behinderungsgrade relativ einfach geregelt. Es wird im Rollstuhltennis nur zwischen Leicht- und Schwerbehinderten unterschieden. Die Klasse für die Schwerbehinderten heißt Quads, in der man nur teilnehmen darf, wenn mindestens drei Extremitäten eingeschränkt sind. In London gab es für die 112 Teilnehmer deswegen auch nur sechs Goldmedaillen. Die Kategorien waren Frauen-Einzel, Männer-Einzel, Frauen-Doppel, Männer-Doppel sowie die Einzel- und Doppelkonkurrenzen der Quads.

Obwohl die Klassifizierung so allgemein gehalten wird, fehlt einer herausragenden Spielerin wie Esther Vergeer die Konkurrenz. Eine Sportlerin, die seit fast zehn Jahren ungeschlagen ist, hat es noch nie gegeben, weder im Behindertensport noch im sonstigen Sport. Sie ist die Vorzeigeperson im Rollstuhltennis. Nicht nur ihr Erfolg spricht für sie, auch ihr Umgang mit den Medien verschafft ihr großes Ansehen. Sie verliert nicht gerne, ist aber eine faire Sportlerin. Sollte sie mal gegen eine bessere Sportlerin verlieren, sagt sie, „würde ich ihr die Hand geben, gratulieren und dann sofort wieder mit noch härterem Training beginnen". Zudem hat sie sich geschworen, nie wieder unvorbereitet in ein Spiel zu gehen und immer das Beste zu geben. Sie wird wahrscheinlich noch eine ganze Weile die Beste in ihrem Sport bleiben, doch die Konkurrenz rückt auch durch gezieltes Jugendtraining, immer näher an sie heran. Ihre Kollegen aus Deutschland und Holland wünschen sich nichts mehr, als gegen Esther Vergeer zu gewinnen und am Ende vielleicht sogar auch mal die Goldmedaille im Rollstuhltennis der Paralympics in der Hand zu halten.

Rollstuhlrugby

Von Niklas Paskert

Rollstuhlrugby ist die härteste Sportart, die es bei den Paralympics gibt. Seit den paralympischen Spielen in Sydney im Jahr 2000 dürfen Teams aus aller Welt um die Goldmedaille kämpfen. Die 1977 erfundene Sportart gilt als besonderer Hingucker fürs Publikum. Vielleicht liegt das daran, dass es die einzige wirklich aggressive Sportart ist bei den Paralympics und dass auf das Rollstuhlrugby andere Sportarten wie Basketball, American Football und Volleyball einwirken.

Beim Rollstuhlrugby passen die Athleten einen Volleyball wie beim Basketball und spielen nach ähnlichen Regeln wie beim American Football. Zwei Viererteams treten gegeneinander an und versuchen, den Ball aneinander vorbei über die Torlinie zu tragen. Angriff ist Trumpf bei diesem Spiel, in den meisten Partien fallen über 50 Punkte auf beiden Seiten. Die reguläre Spielzeit beträgt vier mal acht Minuten.

Das Spiel der Briten gegen die Franzosen in der Gruppenphase der Paralympics bot ein anschauliches Beispiel dafür, wie die bessere Athletik sich durchsetzt bei dem schnellen Mannschaftsspiel. Das Spiel endete 57:50 für Großbritannien. Bis zum letzten Viertel lagen die Briten nur einen Punkt vorne, ehe sie ihre größere Frische ausspielen konnten. Sie wurden nicht nur von den englischen Fans bei ihrem Heimspiel mehr unterstützt, sie hatten auch die besser besetzte Auswechselbank.

Während die Heimmannschaft ständig rotieren konnte zwischen Bank- und Feldspielern, spielten die Franzosen fast das ganze Spiel mit ihren vier Stammspielern durch. Kein Wunder, dass es jedem Franzosen gegen Ende des Spiels schwer fiel, sich gegen das britische Team und seine Fans durchzusetzen. Bis ihnen die Kraft ausging, hatten die Franzosen alles im Griff, sogar die beiden Stars der Briten hatten sie meistens unter Kontrolle. David Anthony, den viele nur wegen seines blauen Haarkamms erkennen, und Aaron Phipps, der mit 30 Punkten der erfolgreichste Spieler war. Die zwei lieben ihren Sport, gerade weil er so aggressiv ist und man ständig in Kontakt mit dem Gegner ist.

Beim Rollstuhlrugby wird die Stärke der Behinderung auf einer Punkteskala von 0,5 bis 3,5 ausgedrückt. Eine sehr starke Behinderung wird mit einer 0,5 bewertet, während eine schwache Behinderung mit 3,5 bewertet wird. Hinter David Anthonys Namen steht eine 2,5, er ist also einer der wendigeren Spieler. Die Regelung ist sehr wichtig für das Rollstuhlrugby. Erstens dürfen die Spieler auf dem Feld zusammen nur eine Gesamtzahl von acht Bewertungseinheiten aufweisen. Zweitens haben so die Menschen mit schwerer Behinderung eine faire Chance, in ein Team zu kommen. Durch die Punkteregel wird auch für die Chancengleichheit unter den Teams gesorgt. Außerdem wird noch mehr Taktik von den Teams gefordert. Noch wichtiger als der richtige taktische Wechsel innerhalb der Mannschaft, ist das Stellungsspiel der verteidigenden Mannschaft. Die Verteidigung ist die Königsdisziplin im Rollstuhlrugby. Deswegen werden in jedem Spiel auch so viele Punkte erzielt. Es ist fast unmöglich, alle Pass und Fahrwege des Gegners zuzustellen. Die Verteidiger müssen immer den Kontakt mit dem Gegner suchen. Eine Unachtsamkeit oder ein nur halbherzig geführter Zweikampf kann ein erfahrener Gegner sofort erkennen, ausnutzen und in einen Punkt verwandeln. Es ist im Rollstuhlrugby also nicht nur wichtig, viel Kraft zu haben, sondern man muss auch mit Kopf und Verstand bei der Sache sein.

Rudern

Von Maximilian Riedel

Rudern ist die jüngste Sportart bei den Paralympics. Die ersten Wettkämpfe fanden 2008 in Peking statt. Jedoch hat der Sport im Behindertenbereich noch einen relativ geringen Zulauf. Das zeigt sich in den wenigen Ruderdisziplinen, die es bei den Paralympics gibt. Im Gegensatz zu den Olympischen Spielen, bei denen 14 verschiedene Wettkampfarten für die Ruderer angeboten werden, besteht Rudern bei den Paralympics genau aus drei Disziplinen. Dabei werden die Sportler je nach Behinderung in verschiedenen Klassen mit den jeweils unterschiedlichen Ruderbootgrößen eingeteilt. Die Ruderer werden an ihren Sitzen festgeschnallt und die Boote haben eine Art von Stützrädern, die sie davon abhalten umzukippen. Neben Einern gibt es auch noch Zweier- und Viererboote.

Schwimmen

Von Marius Nink

Das Schwimmen gehört sowohl bei den olympischen als auch bei den paralympischen Spielen zu den Kernsportarten. Bei den Paralympics 2012 gab es allein im Aquatics Centre in London 148 Medaillen auf den Strecken zwischen 50 und 400 Meter zu gewinnen. Schwimmen ist für Menschen mit Behinderung eine hervorragende Wettkampfmöglichkeit, die ihren Ursprung in der Rehabilitation und Physiotherapie hat. Durch den Auftrieb des Wassers können die Menschen mit Behinderung ihren Körper entlasten und sich ohne Prothesen oder andere Hilfsmittel bewegen.

Die Diskussionen um Hightech-Material und Spezialprothesen fallen beim Schwimmen weg, umstritten ist dagegen immer wieder die Klassifizierung, die Frage, welcher Sportler mit seiner Behinderung in welche Startklasse gehört. Beim Schwimmen werden die Sportler unter funktionellen Gesichtspunkten klassifiziert. Das führt dazu, dass Sportler mit unterschiedlichen Behinderungen, aber einer ähnlichen Leistungsfähigkeit gegeneinander antreten. Vollkommene Gleichheit gibt es nicht.

Auch Querschnittsgelähmte können durch die Auftriebskraft des Wassers ihre Behinderung einfacher umgehen. Schwimmen gehört seit 1960 zum paralympischen Programm und genießt bis heute neben der Leichtathletik das Hauptaugenmerk.

Allgemein unterscheidet sich das Behindertenschwimmen nicht sehr vom olympischen Schwimmen. Der Hauptunterschied: die verschiedenen Startmöglichkeiten. Je nach Behinderung starten die Sportler vom Startblock oder im Wasser. Die Sehbehinderten bekommen Hilfe durch ihren Assistenten, dem sogenannten „tapper". Er berührt seinen Schwimmer mit einem Stab, wenn er sich der Wende oder dem Ziel nähert. Die Assistenten sind auch für die Schwimmer ohne Arme wichtig. Die Assistenten halten sie vor dem Start zum Rückenschwimmen fest, entweder direkt am Körper oder mittels eines Handtuchs, das der Sportler zwischen die Zähne nimmt.

Schwimmen gehört zu den wenigen paralympischen Sportarten, bei denen alle Arten von Behinderung Berücksichtigung finden: sowohl die körperlich, als auch die geistig und Sehbehinderten treten untereinander an. Die 600 in London angetretenen Schwimmer, 340 Männer, 260 Frauen, wurden in 14 verschiedene Klassen eingeteilt (1-10 körperliche Behinderung, 11-13 Sehbehinderung, 14 geistige Behinderung).

Auch Staffel-Wettbewerbe gibt es bei den Paralympics. Die Zusammensetzung der Teams ergibt sich folgendermaßen: Es ist eine Maximal-punktzahl gegeben, die nicht überschritten werden darf. Die Nummern aus den Klassen der Schwimmer werden dabei aufaddiert (S4 = 4 Punkte) und dürfen maximal 34 ergeben. Bei den Männern unterscheidet man zwischen 14, bei Frauen zwischen 12 Disziplinen, die ähnlich wie bei den olympischen Spielen aufgebaut sind.

Es gibt die fünf Schwimmdisziplinen wie bei Olympia: Freistil, Brust, Rücken, Schmetterling sowie Lagen. Beim Freistil ist die beliebteste Technik die Kraultechnik. Jedoch findet man bei den Paralympics auch häufig auf Grund von der körperlichen Behinderung andere Arten wie Delfin vor. Freistil ist unterteilt in 50, 100, 200 und 400 Meter, bei denen Deutschland insgesamt mit drei Medaillen nicht sonderlich überzeugen konnte.

Lediglich Daniela Schulte konnte über 400 Meter Freistil in ihrer Gruppe S11 die Goldmedaille holen. Besser hingegen sah es bei 50 und 100 Meter Brust für Deutschland aus. Hier konnten die Deutschen fünf Medaillen gewinnen, unter anderem Gold durch Kirsten Bruhn. Bei den gleichen Strecken aber mit der Rückentechnik gab es nur zwei Medaillen, mit Silber abermals für Kirsten Bruhn aus der Klasse S7. Über 50 und 100 Meter Schmetterling ging Deutschland leer aus, Silber gab es bei den Frauen über 200 Meter Lagen zwei Mal (S6 und S11).

Höhepunkt der Londoner Schwimmwettbewerbe waren die Auftritte der kleinwüchsigen Britin Eleanor Simmonds in Klasse S6. Sie war das Gesicht der britischen Paralympics 2012 und gewann insgesamt vier Medaillen mit zwei goldenen über 400 Meter (in 5:19 Minuten) und über 200 Meter Lagen.

Segeln

Von Edward Waterman

Segeln ist seit 2000 ein fester Bestandteil der paralympischen Spiele, nachdem Segler mit Behinderung zum ersten Mal in den 1980er Jahren Wettkämpfe ausführten. Im Gegensatz zu den olympischen Spielen, bei denen es im Segeln zehn Medaillenentscheidungen gibt, gibt es bei den paralympischen Spielen nur drei: im Ein-Mann-Kielboot (im 2.4mR), Zwei-Mann-Kielboot (im Skud 18) und im Drei-Mann-Kielboot Wettkampf (im Sonar). Geschlechtertrennung gibt es nicht.

Beim Segeln treten Sportler mit den unterschiedlichsten Behinderungen gegeneinander an, es gibt nur Auflagen bei den Booten. In der Ein-Mann-Kielboot-Klasse müssen die Sportler zur Teilnahme eine minimale Behinderungseinstufung (MD) erfüllen. Bei der Zwei-Mann-Kielboot-Klasse müssen ein Sportler mit einem starken Handicap (TPA) und ein Sportler mit einem leichten Handicap (TPB) auf dem Boot sein. Im Drei-Mann-Kielboot werden die Athleten je nach Einfluss ihrer Behinderung auf den Sport in sieben Klassen unterteilt, Segler der Klasse 1 haben die schwersten Einschränkungen, Segler der Klasse 7 die geringsten. Die Crewmitglieder dürfen dann insgesamt nicht über die Summe 14 kommen, um teilnehmen zu dürfen.

Die Wettkämpfe sind in elf Rennen unterteilt, nach einem Rennen werden Punkte verteilt, je niedriger die Punktzahl desto besser die Platzierung, am Ende gewinnt das Team, welches die niedrigste Wertung hat. Bei den paralympischen Spielen 2012 in London haben die Segelwettkämpfe in Weymouth und Portland stattgefunden, welche etwa drei Stunden mit dem Zug von London entfernt liegen. Es haben 68 Athleten aus 22 Nationen teilgenommen. Als Favorit im Ein-Mann-Kielboot galten der Franzose Damien Seguin und der Niederländer Thierry Schmitter. Im Zwei-Mann-Kielboot waren es die Australier und die Amerikaner. Und im Drei-Mann-Kielboot waren die Favoriten das norwegische und französische Team. Die Rennen werden im Rundkurs durchgeführt, der Kurs wird so gelegt, dass die Segler kreuzen müssen, das heißt, sie müssen gegen den Wind segeln. Des Weiteren bietet dieser Kurs die Möglichkeit, im Abschnitt, in dem der Wind von hinten kommt, Raumschots zu fahren, was der schnellste Segelkurs ist, wobei der Wind seitlich von hinten weht. Diese Anordnung der Rennstrecke sorgt dafür, dass das Rennen am taktisch anspruchsvollsten und schnell ist.

Gold im Ein-Mann-Kielboot gewann überraschend die Britin Helena Lucas, Silber bekam der Deutsche Heiko Kröger und Bronze erhielt der niederländische Thierry Schmitter. Im Zwei-Mann-Kielboot gewannen die favorisierten Australier, die fast jedes Rennen als Erster oder Zweiter beendeten. Silber erhielten die ebenfalls favorisierten Amerikaner, Bronze bekam das britische Team.

Mit großem Vorsprung auf die zweitplatzierten Deutschen gewann das niederländische Team in der Drei-Mann-Kielboot Klasse, Bronze erhielten die Norweger.

Segeln ist ein sehr taktischer Sport, bei dem Athleten mit einem guten Überblick im Vorteil sind. Viele der paralympischen Segler nehmen auch an anderen Segelevents teil, wie Damien Seguin, der ein erfolgreicher Offshore-Segler ist. Olympisches und paralympisches Segeln unterscheiden sich kaum, einzig bei den Bootsklassen müssen die Paralympier Abstriche machen. Um auch Sportlern mit schwerer Behinderung die Möglichkeit zu geben, an Rennen teilzunehmen, sind alle Boote Kielboote, die stabiler auf dem Wasser liegen. Es muss aber auf die schnelleren und beliebten olympischen Bootsklassen verzichtet werden, wie den Laser oder 49er.

Sitzvolleyball

Von Felix Borchert

Volleyball im Sitzen? Das kann doch jeder. So denken viele. Aber das paralympische Sitzvolleyball ist ein Ganzkörpersport, der viel Koordination von den Athleten fordert. Das Spiel fordert Rumpf- und Rückenmuskulatur auf besondere Weise. Die Spieler können dabei ihre Arme und Beine benutzen, wie sie wollen. Nur bei einer Aktion, wie beispielsweise einem Schlag, muss der Rumpf vollen Bodenkontakt haben, sonst verliert die Mannschaft das Aufschlagsrecht und der Gegner erhält einen Punkt. Die Mannschaften müssen immer so aufgestellt sein, dass von den sechs Spielern auf dem Feld nur einer eine sogenannte „Minimal disability" (MD) hat, die zum

Beispiel eine Verletzung an Knie oder Knöchel sein kann.

Die Zählweise ist wie beim olympischen Volleyball: Es gibt drei Gewinnsätze bis 25 Punkten mit mindestens zwei Punkten Unterschied. Bei Satzgleichstand nach vier Spielen entscheidet ein Tie-Break bis 15 das Spiel. Außer der Zählweise ist vieles anders beim Sitzvolleyball im Gegensatz zum Volleyball. Das Feld, das jede Mannschaft zu verteidigen hat, ist mit 5 mal 6 Mctern (Volleyball: 9 mal 9 Meter) deutlich kleiner. Des Weiteren liegt die Netzhöhe bei 1,15 Metern bei den Männern und 1,05 Metern bei den Frauen. Doch es gibt auch Gemeinsamkeiten: Jede Mannschaft darf den Ball drei Mal berühren, wobei es darum geht, den Ball dem Mannschaftskollegen möglichst gut aufzulegen. Wie beim Volleyball wird auch hier von der verteidigenden Mannschaft oft auf einen Block gesetzt, bei dem man nicht über das Netz greifen darf. Geschmettert wird im Rahmen der Regeln, also mit Rumpf auf dem Boden. Damit keiner bei Verstoß gegen die Regeln ungestraft davon kommt, gibt es zwei Schiedsrichter, die das Spielgeschehen beobachten.

Das Spiel wurde in den Niederlanden um 1950 eingeführt, als Kombination aus Volleyball und dem deutschen Sitzball. 1980 war Sitzvolleyball erstmals im paralympischen Programm. Seit geraumer Zeit wird dieser Sport nicht nur von Behinderten alleine ausgeübt, sondern auch von verletzten Volleyballspielern. Dies ist eines der Zeichen, dass die Integration über den Sport funktioniert.

Bei den Paralympics in London sicherten sich Bosnien-Herzegowina und der Iran Gold und Silber bei den Männern. Die deutsche Auswahl landete auf einem guten Bronze-Rang. Bei den Frauen gewannen die Chinesinnen Gold, die sich im Finale gegen die Amerikanerinnen durchsetzten. Die Ukrainerinnen erspielten sich die Bronze-Medaille.

Sportschießen

Von Lukas Hein

Sportschießen kann man bei den paralympischen Spielen grob in zwei Bereiche teilen: Gewehr und Pistolen-Schießen. Die Sportschützen werden in zwei Gruppen klassifiziert: SH1 (können ihre Waffe komplett selber halten) und SH2 (verwenden eine

Unterstützung zum Halten). In diesen Klassifikationen wird nochmals unterschieden, wer wie viel Unterstützung (z.B. beim Nachladen) bekommt. Geschossen wird aus drei unterschiedlichen Entfernungen, aus 10, 25 und 50 Metern. Bei einigen Wettkämpfen treten Frauen und Männer gemischt an, bei anderen getrennt. In London bei den Paralympics gab es zwölf Entscheidungen. Bei den Männern gab es in der Klasse SH1 10 Meter Luftgewehr stehend (bzw. für Rollstuhlfahrer sitzend), 50 Meter Gewehr drei Positionen (geschossen wird aus drei verschiedenen Positionen: stehend, kniend und liegend, wobei im Kniend-Anschlag ein Ellbogen, im Liegend-Anschlag beide Ellbogen auf einen Extra-Tisch aufgesetzt werden) und 10 Meter Luftpistole. Dieselben Wettkämpfe gibt es auch speziell für Frauen. Darüber hinaus gibt es sechs Mixed-Wettbewerbe. Zwei in der Klassifikation SH2: 10 Meter Luftgewehr stehend und 10 Meter Luftgewehr liegend und vier in der Klassifikation SH1: 10 Meter Luftgewehr liegend, 50 Meter Gewehr liegend, 25 Meter Pistole und 50 Meter Pistole. Das Sportschießen erfordert eine sehr hohe Konzentration über einen längeren Zeitraum.

In der Vorrunde schießen alle auf ein Ziel mit zehn Ringen mit den Punkten von eins bis zehn (von außen nach innen). Die besten acht der Vorrunde qualifizieren sich für das Finale. Hier werden die Punkte genauer gemessen. Trifft man genau in die Mitte der Zielscheibe bekommt man 10,9 Punkte. Haben mehrere Schützen nach dem Finale die gleiche Punktzahl gibt es ein Stechen, solange bis einer einen besseren Schuss macht als der andere. Die erfolgreichsten Nationen bei den Paralympics in London waren China mit vier Goldmedaillen, einer Silbermedaille und drei Bronzemedaillen gefolgt von Korea (3/0/1) sowie Frankreich und Schweden (1/1/0). Für Deutschland gewannen Josef Neumaier mit dem Luftgewehr die Bronzemedaille und Manuela Schmermund ebenfalls mit dem Luftgewehr die Silbermedaille.

Tischtennis

Von Edward Waterman

Tischtennis für Rollstuhlfahrer war Teil der ersten paralympischen Spiele 1960, die Wettkämpfe für stehende Athleten kamen 1976 hinzu. Es gibt 29 Medaillenwettkämpfe, die sich aus den Teamwettkämpfen, den Einzelwettkämpfen und den Unterscheidungen der Klassifikation und des Geschlechts, ergeben. Mit 276 Paralympiern und den 29 zu gewinnenden Medaillen gehörte Tischtennis zu den größten Sportarten im Programm der paralympischen Spiele in London.

Die Klassifizierung unterteilt die Sportler in rollstuhlfahrende Athleten, Klassen 1-5, in stehende Athleten, Klassen 6-10, und in die wieder hinzugekommene Klasse für Athleten mit geistiger Behinderung, Klasse 11. Je tiefer die Nummer der Klasse desto größer ist der Einfluss der Behinderung auf den Sport, in der Klasse 1 sind z.B. Athleten im Rollstuhl, die schwer Gleichgewicht halten können und eine starke Einschränkung in ihrer Spielhand haben, in der Klasse 5 sind Rollstuhlfahrer ohne Einschränkungen im Oberkörper.

Die Regeln für Tischtennis im paralympischen Sport sind dieselben wie im normalen Tischtennis. Nur müssen Rollstuhlfahrer den Ball beim Aufschlag so schlagen, dass dieser die Rückseite des Tisches verlässt, damit der Gegenspieler auch die Möglichkeit hat, zurückzuspielen. In den Einzelwettkämpfen wird im Modus Best of 5 gespielt, das heißt, der erste Spieler, der drei Sätze für sich entschieden hat, gewinnt. Um einen Satz zu gewinnen, muss man elf Punkte gegen seinen Gegenspieler erzielen, man muss am Ende des Satzes aber mindestens zwei Punkte Vorsprung auf seinen Gegner haben. Im Teamkampf spielen die Länder vier Einzelspiele und ein Doppel, das heißt zwei Spieler pro Team in einem Match, gegeneinander.

Im Einzel kämpfen die Athleten zuerst in Gruppen, dann treten die Besten der Gruppen gegeneinander im Viertelfinale an, dann die Gewinner der Viertelfinals im Halbfinale usw. Der Gewinner des Finals gewinnt Gold der Verlierer des Finals Silber und im Spiel um Bronze treten die Verlierer der Halbfinals gegeneinander an. Im Team-Wettkampf wird sofort mit den Viertelfinals begonnen.

Stattgefunden haben die Paralympics-Wettkämpfe von London im ExCeL-Center, welches die größte paralympischen Sportstätte der Spiele in London war. Aufgrund der vielen Wettkämpfe und der vergleichsweise kurzen Dauer der paralympischen Spiele wurden mehrere Medaillenwettkämpfe gleichzeitig im ExCeL-Center durchgeführt, was beim Zuschauen in der Halle verwirrend war.

Wie im olympischen Tischtennis waren auch beim paralympischen Tischtennis die Chinesen favorisiert, weitere Favoriten waren die Deutschen und die Polen. So haben auch die Chinesen die meisten Goldmedaillen gewonnen, nämlich 14, die Polen gewannen drei. Die Deutschen gewannen durch Holger Nikelis im Einzel, Klasse 1, und Jochen Wollmert im Einzel, Klasse 7, Gold.

Tischtennis zeichnet sich durch seine schnellen Ballwechsel aus. Besonders bemerkenswert ist, dass die Geschwindigkeit der Ballwechsel auch beim Rollstuhl-Tischtennis ähnlich hoch ist wie bei den stehenden Tischtennisspieler, obwohl die Rollstuhlspieler durch ihre niedrigere Position schlechter Schmettern können, was die Ballwechsel erst so schnell macht.

„Wenn sie hinfallen, mein Gott, dann stehen sie halt wieder auf"

ein Abschlussgespräch

Thomas Hahn: Hattet Ihr vor den Paralympischen Spielen schon Kontakt zu Menschen mit Behinderung und zum paralympischem Sport?

Konstantin Vogel: Ich hatte noch keinerlei Kontakt zu Menschen mit Behinderung oder zum Behindertensport.

Thomas Hahn: Warum nicht?

Konstantin Vogel: Weil es einfach nicht so präsent ist wie nichtparalympischer Sport und man sich nicht damit beschäftigt, wenn man selbst keine körperliche Behinderung hat.

Thomas Hahn: Was waren Eure Vorstellungen, bevor Ihr zu den Paralympischen Spielen gefahren seid?

Konstantin Vogel: Dass sie nicht so groß sind, und auch stimmungsmäßig nicht vergleichbar mit den Olympischen Spielen.

Lukas Wiesmeier: Ich habe erwartet, dass es nicht so spannend sein würde wie bei Olympischen Spiele. Dass es nicht so sehr um den Wettkampf geht, damit die Sportler mit Behinderung auch wirklich geachtet werden dafür, dass sie an solchen Wettkämpfen teilnehmen.

Thomas Hahn: Hattet Ihr überhaupt eine Vorstellung davon, dass Menschen mit Behinderung Sport treiben können?

Marius Nink: Von der Existenz von Paralympischen Spielen hat man schon lange gewusst. Aber die sind ja auch erst seit London wirklich so präsent geworden. So extrem wie dort hat man sie vorher nie verfolgt.

Thomas Hahn: Habt Ihr in Eurem Umfeld Umgang mit Menschen mit Behinderung?

Marius Nink: In Hessen hatte mein Nachbar eine Behinderung. Eine geistige. Aber ich wohne seit sechs Jahren nicht mehr in Hessen.

Lukas Schneider: Ich habe einen Freund, dem von Geburt an ein Bein fehlt und der an einer Hand nur drei Finger hat, und der selbst auch paralympischer Sportler ist. Der war im Jugendnationalteam im Skiabfahrtsrennen, allerdings hat der sich dann das Kreuzband an seinem intakten Bein gerissen und musste seine Karriere beenden. Von daher war ich den Umgang mit Menschen mit Behinderung einigermaßen gewohnt. Einen Stumpf zum Beispiel habe ich schon vorher gesehen gehabt.

Thomas Hahn: Und was war dessen Einstellung zu den Paralympischen Spielen?

Lukas Schneider: Der ist natürlich begeistert davon. Und sein größter Traum ist auch, mal daran teilzunehmen, glaube ich. Aber das ist schwer. Der Kreuzbandriss ist zwar schon eine Zeitlang her, aber er hat wohl noch so eine mentale Blockade.

Thomas Hahn: Was ist das für ein Typ?

Lukas Schneider: Ganz offen. Der hat überhaupt keine Scheu, über seine Behinderung zu reden oder allen was davon zu zeigen. Ich habe ihn in der Grundschule kennen gelernt, und auch da, als wir noch ganz klein waren, vielleicht gerade mal acht, neun Jahre alt, hat er mit uns schon ganz normal darüber geredet. Jetzt ist der Kontakt mit ihm seltener geworden, weil er in einer anderen Stadt studiert. Aber als ich klein war, hatte ich ganz viel Kontakt mit ihm.

Thomas Hahn: War das komisch als Kind?

Lukas Schneider: Am Anfang natürlich, aber mit der Zeit gar nicht mehr.

Thomas Hahn: Also für einen war der Umgang mit Menschen mit Behinderung nichts Besonderes.

Aber für die anderen offensichtlich schon. Als Ihr dann also bei den Spielen ward – was ist Euch dort aufgefallen?

Serena Grätz: Die Begeisterung in ganz London. Jeder hatte irgendwelche Fahnen, jeder hatte irgendein T-Shirt. Jeder hat sich zu seinem Land bekannt und war stolz, dabei sein zu können.

Lukas Hein: Die Menschen mit Behinderung waren sehr integriert. Wir waren ja oft im Kaufhaus, und da waren auch die Sportler von den verschiedenen Nationen. Da war es ganz normal, dass Menschen mit und ohne Behinderung zusammen waren. Das war ein ganz normaler Umgang, den ich von hier nicht so kenne. Hier gibt es ja nicht so viele Menschen mit Behinderung.

Serena Grätz: In London ist es irgendwann gar nicht mehr aufgefallen, ob einer einen Arm oder ein Bein weniger hatte.

Lukas Wiesmeier: Es war auf jeden Fall ein Prozess. Als man hingekommen ist, hat man mit seiner alten Einstellung jemanden im Rollstuhl gesehen und sich seinen Teil dabei gedacht. Und jetzt – es wurde immer mehr so, dass man sie gesehen hat und zur Kenntnis genommen hat. Da war kein Unterschied mehr.

Thomas Hahn: Was habt Ihr denn vorher gedacht?

Lukas Wiesmeier: Wenn man vorher einen Menschen mit Behinderung gesehen hat, wusste man nicht, wie man ihn anschauen soll. Soll man ihn anschauen oder soll man ihn nicht anschauen? Sonst denkt er noch, dass man auf ihn schaut, weil er anders ist, oder dass man ihn ausgrenzen will. Früher hat man immer gedacht, wie verhält man sich jetzt am besten, damit sich der Mensch mit Behinderung nicht irgendwie bemitleidet fühlt oder sonst irgendwie diskriminiert. Dieses Gefühl hat sich mit der Zeit in London gelegt.

Laura Hergeth: Wenn man vorher in München war und dort jemanden im Rollstuhl gesehen hat, wollte man nicht wegschauen, aber anstarren ist auch blöd. Der Blick fällt einfach auf einen Menschen mit Behinderung. In London war es Normalität, man hat sie gar nicht mehr anders angeschaut oder überlegt, wie man sie anschauen sollte. Nach den Paralympics war ich in Malta im Urlaub. Da habe ich im Club jemanden im Rollstuhl gesehen, und für mich war das da auch schon normal. Früher hätte man da sicher geschaut und gedacht: Oh Gott, jemand in einem Club im Rollstuhl.

Konstantin Vogel: Auch vom Mitleid her. Nicht im negativen Sinne, aber man hat nach der Zeit in London nicht mehr dieses Mitleid mit den Leuten mit Behinderung. Man sieht, die sind auch ganz normal, die haben sich in ihrem Leben zurechtgefunden und die haben es nicht nötig, dass man mit ihnen Mitleid hat.

Thomas Hahn: Warum sieht man Menschen mit Behinderung nicht von vornherein als normale Leute an.

Konstantin Vogel: Wegen der Einschränkungen, die sie haben. Und dann hat man eben Mitleid mit ihnen, weil sie nicht so leben können wie man selbst.

Laura Hergeth: Man denkt, es geht ihnen irgendwie schlechter. Aber das geht es ihnen ja eigentlich gar nicht. Und man sieht ja auch, wie glücklich sie mit ihrem Leben sind, zumindest soweit wir das beurteilen können, und wie sie sich zurechtfinden können. Und man denkt sich, ob die das alles jetzt so beschäftigt und ach Gott ... Aber eigentlich ist es ja gar nicht so. Und das hat man bei den Paralympics in London auch gemerkt, wenn man mit ein paar Sportlern geredet hat.

Thomas Hahn: Die Sportler haben natürlich sehr wohl harte Geschichten hinter sich. Braucht es dafür nicht auch ein Bewusstsein?

Lukas Schneider: Für mich war es so, dass sich während der Spiele das Mitleid in Respekt umgewandelt hat. Weil die Sportler mit ihrer Behinderung nicht nur körperlich, sondern auch psychisch umgehen können, damit sie solche Leistungen bringen.

Thomas Hahn: Wenn Ihr mit den paralympischen Sportlern gesprochen habt, was ist Euch dabei aufgefallen.

Serena Grätz: Ich habe ja am Anfang immer gedacht, dass man sie nicht fragen kann, wie die Behinderung zustande gekommen ist, weil das ja meistens etwas total Persönliches ist, das einen total an den Boden gerissen hat. Darüber spricht man ja eigentlich nicht gerne. Aber die Sportler waren alle total offen und haben gerne ihre Geschichte erzählt. Wie sie es wieder geschafft haben hochzukommen. Das hat auch Heinrich Popow gesagt: Jeder von den Paralympiern hat eine Geschichte. Jeder hat es irgendwie schon geschafft, bevor er es überhaupt zu den Spielen geschafft hat. Ich bewundere jetzt eigentlich die

Paralympier viel mehr als die Olympioniken, weil die Paralympier schon etwas geschafft haben, bevor sie überhaupt eine Medaille gewonnen haben.

Laura Hergeth: Ich kann es nicht wirklich beurteilen, aber ich kann mir vorstellen, wenn man ein Interview mit einem Olympioniken führt, dann ist das eher sehr distanziert, weil er einen hohen Bekanntheitsgrad hat. Je höher der Bekanntheitsgrad ist, desto distanzierter geht es auch zwischen dem Interviewer und dem Interviewten zu. Und wenn man an das Gespräch mit Heinrich Popow denkt: Das war ein lockeres Gespräch. Man saß halt vor ihm und hat geredet. Es war nah und nicht so weit entfernt.

Thomas Hahn: Hattet Ihr den Eindruck, dass es mehr Themen bei den Paralympics gibt als bei den Olympischen Spielen? Oder andere?

Edward Waterman: Es gibt mehr Kontroversen bei den Paralympischen Spielen als bei den Olympischen Spielen. Es gab zum Beispiel den Streit über die Prothesen bei den Unterschenkelamputierten, ob die Prothesen des brasilianischen 200-Meter-Sprint-Gewinners Alan Oliveira ihm einen unlauteren Vorteil verschaffen oder nicht. Ob das okay ist. Ich glaube, dass das ein kleines Hindernis ist für die Paralympics, wenn sie zu einem Top-Sportevent werden, weil immer gestritten wird, ob es in den einzelnen Wettkampfklassen faire Vergleiche gibt oder nicht.

Laura Hergeth: Das kommt auch daher, dass die Paralympics jetzt mehr in den Medien präsent ist. Beim Olympischen Sport spielt das keine Rolle mehr. Der ist in den Medien schon so präsent, dass man Regelfragen gar nicht mehr in dem Maße diskutieren muss. Und diese Medienpräsenz der Paralympics ist ja durch London erst so richtig gekommen.

Thomas Hahn: Es gab diese Kino- und Anzeigen-Kampagne des Privatsenders Channel 4, der die Fernsehrechte an den Paralympics erworben hatte: „Meet the Superhumans." Wie fandet Ihr das?

Serena Grätz: Als ich das zum ersten Mal gesehen habe, war ich so beeindruckt. Allein schon die Musik, wie es gemacht war. Man hat gesehen, da haben sie viel Geld reingesteckt. Ich habe mir den Spot vor den Paralympics angeschaut und mich danach allein schon deshalb sehr auf die Spiele gefreut.

Thomas Hahn: Sind paralympische Sportler Supermenschen?

Lukas Schneider: In meinen Augen ist das ein bisschen schwierig zu sagen. Weil sich die sportlichen Leistungen auch unterscheiden zwischen paralympischen und olympischen Sportlern. Wie das der Heinrich Popow bei der Pressekonferenz schon gesagt hat. Er hat gesagt, dass in der Behindertensportabteilung seines Vereins Bayer Leverkusen niemand mit Behinderung, der Sport treiben will, fallen gelassen wird. Er hat gesagt, wer zum Beispiel in der Leichtathletik nicht so gut ist, den schicken sie eben zum Sitzvolleyball. Er wollte das damit nicht schlecht machen, aber er hat es halt so ausgedrückt, dass es eigentlich mehr oder weniger jeder zu den Paralympics schaffen könnte, der ein bisschen Begabung mit dem Ball hat.

Thomas Hahn: Stimmt, paralympischer Sport ist in gewisser Weise Amateursport. Wie kommt man also darauf, Paralympier Superhumans zu nennen?

Edward Waterman: Die wollen halt damit Aufmerksamkeit erwecken. Wenn man sie Superhumans nennt, sind die Leute natürlich auch angefixt und wollen wissen, was dahintersteckt.

Thomas Hahn: Aber es steht schon für was, nicht wahr? Ihr sagtet ja vorher selbst: Früher hatten die meisten Mitleid mit Menschen mit Behinderung, jetzt werden sie bewundert, sogar als Ideal hingestellt, als Superhumans eben. Das ist eine veränderte Wahrnehmung, oder nicht?

Konstantin Vogel: Das bezieht sich auch auf die Psyche der Paralympier. Dass sie sich aufraffen und auch nach ihrem Unfall nochmal die Motivation haben, etwas zu erreichen. Und das tun sie ja bei den Paralympics wirklich.

Malte Hupe: Wenn man die Leistungen der Paralympier in Betracht zieht, dann sind das schon Superhumans. Man muss halt die verschiedenen Leistungen differenzieren. Da ist auf der einen Seite die sportliche Leistung. Auf der anderen Seite die psychische Leistung, mit der eigenen Behinderung überhaupt klar zu kommen. Sich nach einem schweren Unfall oder sonstigen Schicksalsschlägen überhaupt in den Zustand zu bekommen, Hochleistungssport zu betreiben, ist ja auch nochmal eine Leistung für sich.

Thomas Hahn: Wenn man die sportlichen Wettkämpfe betrachtet – sind die wirklich spannend?

Lukas Schneider: Da muss man wieder unterscheiden. Wenn man das 200-Meter-Sprint-Finale der Unterschenkelamputierten anschaut, bei dem Oskar Pistorius mitläuft, der ohnehin schon hochgejubelt wird in den Medien, da brennt die Luft. Das will jeder sehen. Und das ist wirklich spannend, wer da jetzt gewinnt und wie gut oder schlecht die Leistung von jemandem ist. Aber wenn man zum Beispiel andere Sportarten anschaut, weiß ich nicht, ob sich die Spannung für die Allgemeinheit wirklich erschließt oder ob es vor allem darum geht, im Wettbewerb die eigene Nation anzufeuern. So kam es mir beim Boccia vor. Da ist das Publikum zum Teil auch mitgegangen, aber das hatte mehr damit zu tun, dass Briten im Publikum für die Briten gejubelt haben und Griechen für die Griechen.

Lukas Hein: Man muss ja auch unterscheiden, wie viele Sportler es gibt in den einzelnen Klassen. Im Sprint gibt es ja mehr, die antreten als bei anderen Sportarten, und wenn die Konkurrenz größer ist, wird auch das Niveau höher. Bei den Paralympics gibt es ganz viele verschiedene Klassen und Klassifizierungen, mehr Entscheidungen und Medaillen zu gewinnen, mehr als bei Olympia, und deshalb kann die Leistungsdichte ja gar nicht so groß sein. Und es gibt ja auch viel weniger Menschen mit Behinderung als ohne Behinderung. Aber ich denke, dass das sportliche Niveau sich in den nächsten Jahren entwickeln wird. Die Medien berichten mehr, dadurch werden mehr Leute zu dem Sport gebracht.

Thomas Hahn: Sind Euch besondere Leistungen in Erinnerung geblieben?

Serena Grätz: Als ich gelesen habe, dass es Rollstuhlrugby gibt, habe ich am Anfang gedacht, das ist echt ein schlechter Scherz, dass man Behinderte im Rollstuhl gegeneinander krachen lassen kann. Aber es hat mich so beeindruckt, als ich dann da war, weil die so wendig mit ihren Stühlen fahren. Wenn sie hinfallen, mein Gott, dann stehen sie halt wieder auf. Ein Mitschüler hat gesagt: Das ist wie Autoscooter. Das war so cool zum Zuschauen, das hätte ich mir vorher auch nicht vorstellen können.

Thomas Hahn: Also es gibt schon Spiele bei den Paralympics, die einem ein ganz anderes Erlebnis bieten als das, was man sonst so gewohnt ist.

Lukas Schneider: Natürlich. Zum Beispiel beim Schwimmen. Es ist schon eine außerordentliche

Leistung, wenn einer schwimmt, der nur einen Arm hat, allein die Technik. Und auch zu sehen, wie der noch so eine Leistung bringen kann. Ich habe zwei Arme und würde nie so schnell schwimmen wie der mit einem Arm.

Thomas Hahn: Gerade beim paralympischen Schwimmen sieht man die ganze Unvollkommenheit der Körper mit Behinderung. Wie hat das auf Euch gewirkt?

Niklas Paskert: Die Sportler sind meistens in ihren Trainingsanzügen reingekommen. Da hat man die Behinderung noch gar nicht gesehen. Bis sie den Trainingsanzug ausgezogen haben und die Prothesen abgelegt haben, und wie sie sich dann ins Wasser sozusagen gehievt haben, da hat man gesehen, dass sie für den Sport da sind. Dass sie den Sport gerne machen und es nicht schlimm finden, ihre Stümpfe zu zeigen. Dass sie darum kämpfen wollen, ihren Sport zu machen, und dass es ihnen dann wurscht ist, wenn sie zum Beispiel wie die Schwimmer ohne Arme am Schluss mit dem Kopf an die Beckenwand prallen.

Thomas Hahn: Hattet Ihr eine Vorstellung, dass es sowas gibt?

Lukas Wiesmeier: Als ich das zum ersten Mal gesehen habe, war ich natürlich fasziniert davon, wie die sich fortbewegen. Und gleich danach habe ich das Ganze als recht ungerecht empfunden, weil so viele verschiedene Sportler mit so verschiedenen Behinderungen gegeneinander antreten und manche teilweise echt einen Nachteil haben und gar nicht gewinnen können. Eine Sportlerin ohne Arme musste zum Beispiel beim Rückenschwimmen gegen Sportlerinnen mit Armen antreten – gegen die hatte sie einfach keine Chance.

Thomas Hahn: Ist diese Ungerechtigkeit in den Griff zu kriegen?

Lukas Hein: Ich denke, es wird nie ganz rausgehen. Weil es einfach zu viele unterschiedliche Behinderungen gibt und zu wenige Menschen mit Behinderung, um es so zu machen, dass es für jede einzelne Behinderung ein breites Feld an Konkurrenten gibt. Aber ich denke schon, dass es besser werden kann, indem die Medien dem Sport mehr Aufmerksamkeit schenken und dadurch mehr Menschen zum Sport kommen.

Thomas Hahn: Gibt es eine Gefahr für den paralympischen Sport, wenn die Medien ihm mehr

Aufmerksamkeit schenken und die unüberwindlichen Ungerechtigkeiten darstellen?

Niklas Paskert: Ich denke, dass es zunächst mal positiv ist, dass die Medien sich dafür interessieren. Und dann gibt es natürlich immer auch negative Seiten. Medien sind ja auch oft auf Schlagzeilen aus. Dass die nicht immer positiv über die Paralympics berichten können und sie sich auch Probleme suchen, an denen sie sich aufhängen können, ist ja logisch. Aber insgesamt ist es erst mal sehr gut, dass die Medien sich dafür interessieren. Ich glaube nicht, dass es sich so negativ auswirkt, wenn die Medien zu viel meckern.

Maximilian Riedel: Ich glaube, noch steht bei den Medien diese Faszination am Behindertensport im Vordergrund, wie die Sportler mit den jeweiligen Behinderungen klarkommen und ihre Sportarten meistern. Deshalb ist das noch nicht so die Gefahr, dass die Berichterstattung zu kritisch wird.

Lukas Hein: Ich könnte mir vorstellen, dass es ein Nachteil ist, dass der paralympische Sport nur in manchen Ländern mehr in die Medien kommt. Eher in wohlhabenderen Ländern. Es ist ja ohnehin schon so, dass Sportler in ärmeren Ländern technisch nicht so weit entwickeltes Material haben wie Sportler aus reicheren Ländern. Und durch die Medienpräsenz bekommen die Sportler in den reicheren Ländern über Sponsorenverträge noch mehr Geld zur Verfügung und mehr Aufmerksamkeit und so wird die Lücke immer größer werden. Für die Sportler in den ärmeren Ländern ist das vielleicht ein Nachteil, denn in deren Ländern wird die Aufmerksamkeit nie so hoch sein.

Thomas Hahn: Stimmt. Diese Unterschiede gibt es auch unter gesellschaftlichen Aspekten, nicht wahr? In freien westlichen Gesellschaften genießen Menschen mit Behinderung bei weitem mehr Wertschätzung als in weniger entwickelten Ländern, die sozialen Systeme fangen sie besser auf. Und das merkt man bei den Paralympics daran, dass aus den reichen Ländern sehr viel mehr Teilnehmer und Medaillengewinner kommen als aus den armen Ländern.

Serena Grätz: Die Sportler werden eben auch nur in wenigen Ländern entsprechend gefördert. Man hat es gemerkt, wenn jemand aus China gewonnen hat, hat man gesagt: schon wieder ein Chinese. Oder wenn jemand aus Großbritannien gewonnen hat - schon wieder ein Brite. Es war praktisch eine Ausnahme, wenn jemand anders gewonnen hat. Heinrich Popow hat ja auch gesagt, dass man als Mensch mit Behinderung kaum eine Chance hat, in einen lokalen Sportverein reinzukommen. Aber in den Industrieländern gibt's dann halt wenigstens noch mehr Förderung als in den anderen Ländern, und das ist wahrscheinlich nicht einmal genug.

Thomas Hahn: Das heißt, da gibt es noch ein paar Dinge zu regeln im paralympischen Sport. Dass man einfach nur zu Paralympics hingeht und sie toll findet, reicht nicht. Und die Paralympier und ihre Funktionäre haben ja immer auch eine politische Agenda. Sie werben für Inklusion, für gleiche Chancen und gleiche Teilhabe für alle. Was muss sich noch verbessern?

Serena Grätz: Ich glaube es wäre wichtig, dass man wie der Lukas von klein auf in den Kontakt mit Menschen mit Behinderung kommt. Dass es für sie auch möglich ist, in normale Schulen zu gehen, dass die auch behindertengerecht gebaut werden, dass Menschen mit Behinderung an den gleichen Freizeitprogrammen teilnehmen können wie Menschen ohne Behinderung. Bei uns ist es quasi noch – blöd gesagt – eine Attraktion, wenn man einen Menschen mit Behinderung sieht, weil sie noch nicht überall am normalen Leben teilnehmen.

Lukas Hein: So was gibt es ja schon. Integrierte Kindergärten oder Schulen. Es ist nur nicht sehr verbreitet. Dabei wäre die Methode hilfreich. Aber die komplette Inklusion ist schwierig, weil es weniger Menschen mit Behinderung gibt als Menschen ohne Behinderung und manche Menschen mit Behinderung ja auch speziell gefördert werden müssen.

Thomas Hahn: Was ist wichtiger: Olympische oder Paralympische Spiele?

Laura Hergeth: Wichtiger inwiefern?

Konstantin Vogel: In welcher Hinsicht?

Lukas Wiesmeier: Für wen wichtiger?

Thomas Hahn: Gute Gegenfragen. Welche der beiden Ereignisse sind gesellschaftlich wichtiger? Welchen übergreifenden Wert kann man daraus ziehen?

Konstantin Vogel: Gesellschaftlich gesehen sind die Paralympics wertvoller. Die Tatsache, dass diese Leute Sport machen, hat einen besonderen Wert. Vom moralischen Wert her sind die Paralympischen Spiele wichtiger. Bei Olympia kommt es nur auf die Leistung an. Mit dem Event wird Geld gemacht, und das war's.

Thomas Hahn: So sollte es allerdings auch bei Olympia nicht nur sein.

Lukas Hein: Man muss natürlich schon unterscheiden. Olympische Spiele sind für manche Leute ja auch eine Plattform, um auf bestimmte Dinge aufmerksam zu machen, auch politisch. Da gab es ja auch schon Beispiele.

Thomas Hahn: Man kann als China Propaganda-Spiele für China veranstalten.

Lukas Hein: Oder auch gegen China. Die Sportler bekommen ja Aufmerksamkeit, die sie nutzen können, um auf Missstände in ihrem Land aufmerksam zu machen.

Thomas Hahn: Das können sie in der Tat nur in eingeschränktem Maße, weil das Internationale Olympische Komitee auf der olympischen Bühne selbst politische Botschaften verbietet.

Lukas Hein: Aber sie werden durch Olympia bekannter, und diese Bekanntheit können sie dann für ihre Botschaften verwenden.

Thomas Hahn: Einverstanden. Aber grundsätzlich bin ich auch der Meinung, dass die Botschaft der Paralympics im Sinne einer gesellschaftlichen

Minderheit im größeren Zusammenhang einen größeren Wert hat als die Botschaft der Olympischen Spiele. Nur: Droht die fortschreitende Kommerzialisierung diesen Wert der Paralympics nicht kaputt zu machen?

Konstantin Vogel: Ich denke schon. Die Tatsache, dass Sport getrieben wird, tritt in den Hintergrund. Es machen immer mehr Leute mit. Es wird kommerzieller, dadurch professioneller, und so wird das ähnlich wie Olympia.

Laura Hergeth: Aber das dauert noch einige Jahre, bis das bei allen angekommen ist.

Thomas Hahn: Immerhin in London haben wir kommerzielle Paralympics gesehen.

Laura Hergeth: Aber wenn man jetzt wieder zurückkommt und seine Mitschüler befragt, dann stellt man fest, dass sie das gleiche Bild vom paralympischen Sport haben, das wir vor unserer Reise hatten. Das dauert noch, bis das zur letzten Person durchgedrungen ist und deshalb werden die Paralympics auch noch eine Weile ihre besondere gesellschaftliche Bedeutung behalten im Vergleich zu den kommerzielleren Olympischen Spielen.

Autorenverzeichnis

Von links nach rechts: Maximilian Riedel, Edward Waterman, Lukas Hein, Martin Lamby

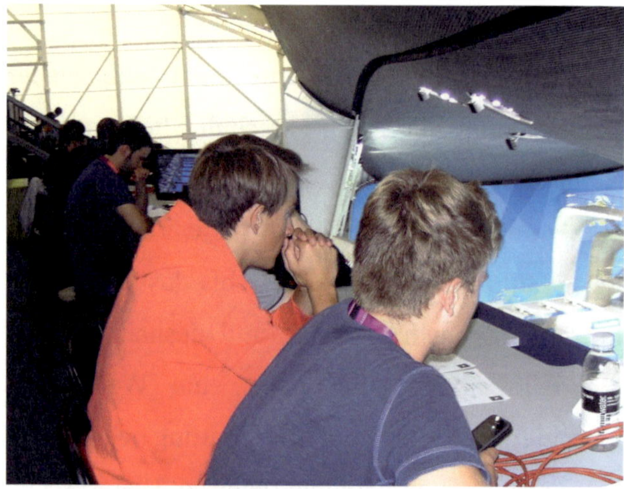

Lukas Schneider (rechts), Marius Nink (links)

Malte Hupe

Vordere Reihe: Laura Hergeth (links),
Serena Grätz (rechts)
Hintere Reihe (von rechts nach links):
Konstantin Vogel, Niklas Paskert, Lukas Wiesmeier,
Nikolas Heinrichs, Tom Deifuß, Lukas Martini,
Felix Borchert

Danksagung

Wir, die Teilnehmerinnen und Teilnehmer des Seminars, bedanken uns bei unserer Lehrerin Frau Mayer und Herrn Hahn, Redakteur der Süddeutschen Zeitung, für ihre Ideen, ihr Engagement, ihre tolle Begleitung und Unterstützung bei diesem Projekt.